EDITORA AFILIADA

Dados Internacionais de Catalogação da Publicação (CIP)
(Câmara Brasileira do Livro, SP, Brasil)

Trama e Texto : leitura crítica : escrita criativa / Lucídio Bianchetti,
organizador. — 2ª ed. — São Paulo : Summus, 2002.

Obra em 2 v.
Bibliografia.
ISBN 85-323-0777-9 (v. 1)
ISBN 85-323-0778-7 (v. 2)

1. Aprendizagem 2. Escrita 3. Leitura 4. Linguagem
5. Textos I. Bianchetti, Lucídio.

02-3019   CDD-410

Índice para catálogo sistemático:

1. Linguagem escrita : Lingüística   410
2. Linguagem falada : Lingüística   410

Compre em lugar de fotocopiar.
Cada real que você dá por um livro recompensa seus autores
e os convida a produzir mais sobre o tema;
incentiva seus editores a encomendar, traduzir e publicar
outras obras sobre o assunto;
e paga aos livreiros por estocar e levar até você livros
para a sua informação e o seu entretenimento.
Cada real que você dá pela fotocópia não-autorizada de um livro
financia um crime
e ajuda a matar a produção intelectual em todo o mundo.

VOLUME 1

TRAMA E TEXTO

LEITURA CRÍTICA • ESCRITA CRIATIVA

organizador • Lucídio Bianchetti

summus editorial

TRAMA E TEXTO
Leitura crítica • Escrita criativa
Copyright © 1996, 2002 by Lucídio Bianchetti
Direitos reservados por Summus Editorial.

Capa: **Camila Mesquita**

Departamento editorial:
Rua Itapicuru, 613 – 7º andar
05006-000 – São Paulo – SP
Fone: (11) 3872-3322
Fax: (11) 3872-7476
http://www.summus.com.br
e-mail: summus@summus.com.br

Atendimento ao consumidor:
Summus Editorial
Fone: (11) 3865-9890

Vendas por atacado:
Fone: (11) 3873-8638
Fax: (11) 3873-7085
e-mail: vendas@summus.com.br

Impresso no Brasil

À professora Lourena Camargo Pacheco *(In memoriam)*

e

Ao professor Elli Benincá,
mestres que souberam desafiar gerações
de alunos a desvendar a trama do texto.

À colega e amiga, professora Silvia Inês C. C. de Vasconcelos, pela revisão dos originais e incentivo.

Ao professor Ezequiel Theodoro da Silva, pela leitura, sugestões e incentivo.

À Rosiane Vilhena, pela paciente e competente digitação.

Ao Luiz Hermenegildo Fabio pela sugestão do título.

"Mas, sobre todas as invenções estupendas, que eminência de mente foi aquela de quem imaginou encontrar modo de comunicar seus próprios pensamentos mais recônditos a qualquer outra pessoa, mesmo que distante por enorme intervalo de lugar e de tempo? Falar com aqueles que estão na Índia, falar com aqueles que ainda não nasceram e só nascerão dentro de mil ou dez mil anos? E com que facilidade? Com as várias junções de vinte pequenos caracteres num pedaço de papel. Seja este o segredo de todas as admiráveis invenções humanas."

Galileu Galilei
In: *Diálogo sobre os dois máximos sistemas do mundo*

"Uma obra é sempre mais coletiva do que dá a entender. Afinal de contas, nós autores somos resultado daquilo que lemos, que vemos, que aprendemos."

João Silvério Trevisan
In: *O livro do avesso*

SUMÁRIO

Apresentação 11

Introdução 13

Trabalho, linguagem e consciência: uma mediação que
fundamenta a prática escolar 19
Isilda Campaner Palangana

Concepção dialética de escrita – leitura: um ensaio 43
Ari Paulo Jantsch

A escrita e a superação do senso comum 63
Sérgio Schaefer

Escrever: uma das armas do professor 97
Lucídio Bianchetti

Escrever – um ato de libertação 117
João Geraldo Pinto Ferreira

A escrita numa perspectiva textual e a concepção
dialética da linguagem 129
Dercy Akele

O chamado fracasso escolar e a aprendizagem
da língua escrita 143
Silvia Zanatta Da Ros

Produção textual: ação solitária ou solidária? 165
Hulda Cyrelli de Souza

Pão e ouro – burocratizamos a nossa escrita? 177
Sonia Kramer

Devem os alunos escrever? 185
Olinda Evangelista

Reminiscências de escritores em desenvolvimento:
o processo de escrita do ponto de vista dos alunos 191
Augusto Jone Luiz; Geovana M. Lunardi;
Jefferson S. Della Rocca; Julia L. Souza;
Lilian Luz; Regina Piske

APRESENTAÇÃO

Trama e texto apresenta onze ensaios que esquadrilham o complexo campo da leitura/escrita. Nesse esquadrinhamento, são discutidos os fundamentos desses dois processos, bem como os procedimentos pedagógicos para a sua condução crítica em sala de aula.

Os referenciais da coletânea enfatizam mais intensamente as práticas de escrita do que as de leitura em sociedade e, mais especificamente, no contexto escolar. Mas o título da obra não é jamais traído mesmo porque, aqui e ali, são realizadas significativas incursões na esfera da leitura. Cabe destacar a pertinência e atualidade das bibliografias que acompanham os ensaios, apontando para o rigor na seleção de idéias a respeito dos processos tematizados pelos autores.

As três primeiras dissertações (*Trabalho, linguagem e consciência: uma mediação que fundamenta a prática escolar*, de Isilda C. Palangana; *Concepção dialética de escrita-leitura: um ensaio*, de Ari Paulo Jantsch; e *A escrita e a superação do senso comum*, de Sérgio Schaefer) fornecem algumas balizas mestras para pensar a produção da escrita. Poderíamos afirmar, com base na leitura dessa tríade inicial, que a escrita é assumida na perspectiva do materialismo dialético e, por isso mesmo, caracterizada como uma prática humanizadora e libertadora do sujeito.

Um conjunto de trabalhos contidos na obra volta-se para o ensino-aprendizagem da escrita. Assim, para efeito de exemplificação geral, Bianchetti, em *Escrever: uma das armas do professor*, critica o enfado que muitas vezes circunscreve a produção e circulação da escrita dentro da academia; ao mesmo tempo, aprofunda idéias sobre o fenômeno da censura e propõe que a escrita seja tomada como elemento de constituição de sujeitos que lêem criticamente a realidade. Ferreira, com o artigo *Escrever: um ato de libertação*, toma a escrita como "(...) um dos mais eficientes métodos de comunicação e de liberação dos sentimentos, portanto, de alívio e de cura." (p. 118)

Outro bloco de ensaios (*Produção textual: ação solitária ou solidária?* De Hulda C. de Souza, *Pão e ouro – burocratizamos a nossa escrita*, de Sonia Kramer; e *Devem os alunos escrever?*, de Olinda Evangelista) critica as mazelas do sistema escolar quando do encaminhamento da leitura/escrita, especialmente em decorrência da mecanização desses processos, da empolação inócua e vazia que permeia os aspectos da produção de textos nas salas de aula.

O arremate da obra é feito com um trabalho produzido por alunos do Curso de Pedagogia do Centro de Educação da UFSC, intitulado *Reminiscências de escritores em desenvolvimento: o processo da escrita do ponto de vista dos alunos*, onde, via depoimento coletivo na forma de história, fica evidenciado o que eles chamam de "assassinato pedagógico do sonho de escrever" (p. 193) – assassinato esse produzido a partir dos mecanismos enfadonhos usados pelos professores nos diferentes níveis de escolarização.

Ainda que não apresente uma proposta sistematizada e coletiva para o ensino da leitura e da escrita nas escolas brasileiras, esta obra merece ser lida pelos educadores. Isto porque o leitor, a partir desses estudos, poderá obter elementos para uma requalificação do seu trabalho profissional e, ao mesmo tempo, derivar propostas para a melhoria do ensino-aprendizagem da escrita nas suas aulas.

Ezequiel Theodoro da Silva
Campinas, maio de 2002.

INTRODUÇÃO

Há uma concordância entre pesquisadores das ciências sociais e humanas que a conquista de espaço por parte das chamadas abordagens qualitativas em pesquisa acabou com a paz dos/entre pesquisadores. E é compreensível. Nada mais tranqüilo (embora saiba-se hoje ser uma paz de cemitério!) do que construir ou adotar um modelo, verificar a sua adequação ou não a um 'pedaço' (geográfico/temporal) da empiria, asséptica e devidamente congelada, e concluir, algo corroborando ou rejeitando uma hipótese anteriormente elaborada.

O fim do armistício se tornou iminente quando passou a ficar claro que, para apreender a realidade em sua totalidade, condição para nela interferir, visando sua transformação, o pesquisador teria de se dispor a imergir nela, a 'sujar-se', a abdicar do asséptico espaço de onde, tranqüilamente, à distância, até então a observava. Enfim, os mandamentos da objetividade e da neutralidade científicas passaram a ser questionados em sua ortodoxia positivista. E algo novo passou a ser construído: sem duvidar das certezas subjacentes aos pressupostos teórico-metodológicos da abordagem quantitativa em pesquisa, o processo de captação da essência movente da realidade já estaria prejudicado no princípio.

De forma similar, posso afirmar que, durante anos, no desempenho da função docente (História e Filosofia da Educação no segundo e terceiro graus), fui um professor tranqüilo. Maniqueistamente achava que a mim cabia cuidar do conteúdo da minha matéria-disciplina; ao professor de língua portuguesa sobrava a responsabilidade da forma. E confesso que me reforçava nessa posição com a concordância da maioria esmagadora dos meus colegas. Mesmo que nossos colegas, 'responsáveis pela forma', procurassem nos demover dessa posição, não passavam de arautos pregando no deserto.

Um momento marcante no processo que culminou com o término da minha paz, como professor, ocorreu quando da minha participação na equipe que organizou o "Seminário anual de leitura e redação", desenvolvido na Universidade de Passo Fundo, RS, em 1983, numa promoção conjunta entre UPF e UNICAMP, coordenado pela professora Tânia Rösing (UPF) e Ezequiel T. da Silva (UNICAMP), cujo tema foi: *"Ler e escrever: atos de libertação"*. Daí por diante nunca mais consegui encarar o ler e escrever apenas como atividades cujo horizonte se esgotava no cumprimento de uma rotineira função acadêmica.

O golpe definitivo na minha paz de 'professor do conteúdo' ocorreu quando assumi a disciplina de Metodologia Científica na Escola Estadual de primeiro e segundo graus Nicolau de A. Vergueiro, de Passo Fundo, em 1984, e, posteriormente, a disciplina de Métodos e Técnicas de Pesquisa na Universidade Estadual de Maringá, PR. Nessas novas funções, passei a ouvir, com insistência, a pergunta: "Professor, o trabalho tem que ser dentro da metodologia?" E, na mesma linha: "Quantas folhas tem que ter? Tem que ser datilografado? Tem que ter introdução, conclusão, bibliografia e as medidas[1] certas?" Na época, no meu caderno de apontamentos[2], que passei a fazer sistematicamente, escrevi:

> *"Hoje, na função de professor de metodologia da pesquisa, consigo entender a luta (tantas vezes inglória!) dos professores de língua portuguesa. Seu maior desafio é o de que todo e qualquer professor de toda e qualquer disci-*

---

[1] Diante de questões desse teor, chego a pensar que o principal instrumento de correção de trabalhos de alguns professores seja a fita métrica. Parece claro, no entanto, que existe uma espécie de 'cultura métrica', que é fomentada desde o curso primário.

[2] Sobre essa questão dos apontamentos, dos registros, tanto no que concerne a sua metodologia e ao seu significado para o professor, tenho encontrado um forte aliado no livro: **A roda e o registro**, de Cecília Warschawer, publicado pela Paz e Terra.

> *plina, ao corrigir uma prova ou trabalho escolar dos seus alunos, faça-o levando em conta o conteúdo específico e a necessária forma correta de o aluno escrever ou expressar-se. (...) O que ocorre, porém, é que a maioria dos professores fragmenta esse processo. É comum professores dizerem: "isto é tarefa do professor de português". E concluía: "O mais grave é que já existe uma certa 'cultura' sobre isso, pois os próprios alunos reclamam se um professor, que não o de português, corrige algo em sua forma de escrever ou de se expressar".*

Essa forma de conceber o processo ensino-aprendizagem acabava relegando a metodologia científica e a língua portuguesa à função supletiva. Principalmente no terceiro grau, essas duas disciplinas recebiam a incumbência de recuperar as deficiências de formação do segundo grau[3]. Bem que por muito tempo tentei justificar a forma maniqueísta de atuação pela formação recebida, a partir de um currículo fragmentado e fragmentador, ou outra desculpa que estivesse de plantão. Mas o que mais tirava minha paz era a consciência, cada vez mais aguda, de que por trás de qualquer justificativa escondia-se um alto grau de acomodação. Ocorre que, protegido na posição maniqueísta, tornava-se fácil auto-eximir-me: a) de cobrar dos alunos que lessem e escrevessem mais e além da minha matéria; b) da responsabilidade de dominar a língua portuguesa e c) de marcar uma posição, de intervir nos debates através, principalmente, da escrita, uma vez que se expor implica aceitar a convivência com a vulnerabilidade, que, por sua vez, é condição para o crescimento.

O processo de conversão foi lento e doloroso. Passei a corrigir mais detalhadamente as provas e trabalhos dos alunos. A posição/função de professor ditador/expositor foi cedendo es-

---

[3] Cf. Vera I. Furlan. **Os comos e porquês do ensino de metodologia científica na universidade brasileira.** Piracicaba: UNIMEP, 1989. Dissertação, mimeo.

paço para a de orientador[1] que encaminha leituras e exige manifestações orais e escritas[5] dos alunos. Inicialmente a luta teve de ser travada em diversas frentes: aceitar a necessidade de aprofundar os conhecimentos de língua portuguesa; abrir mão de tempo de exposição; conseguir que os alunos falem e escrevam, uma vez que a escola ainda se destaca pela imposição da cultura do silêncio.

Um segundo passo foi desafiar-me a escrever, desde a preparação das aulas e eventuais palestras, passando pelo registro das iniciativas, com seus insights, erros e acertos, até conseguir elaborar pequenos artigos, individualmente e em parceria, e enviá-los aos jornais locais ou da região. Em seguida, artigos para revistas. Esse processo foi duplamente penoso: de um lado era preciso um enorme esforço, pois escrever não é fácil. Exige esforço, persistência e muita leitura. De outro, o fato de publicar uma produção traz como implicação a abertura de flancos à avaliação, à crítica, nem sempre construtiva. Mas o processo foi mostrando que não havia outro caminho.

Com o tempo, persistindo, fui tomando gosto pelo escrever. As limitações continuam existindo, porém deixaram de se apre-

---

[1] Recentemente tive a comprovação do acerto dessa metodologia de trabalho com os alunos-formandos do curso de Pedagogia, habilitação em Orientação Educacional do primeiro semestre de 1995 do Centro de Educação da Universidade Federal de Santa Catarina. O processo e os resultados podem ser conferidos na edição extra da Revista **Prospectiva** da Associação dos Orientadores Educacionais do Rio Grande do Sul. End.: Av. Alberto Bins, n. 325, salas 73/74. CEP. 90030.142 - Porto Alegre. Tel. 0512213487.

[5] A prática das "memórias de aula", técnica implementada pelos colegas Eldon H. Mühl e Elli Benincá, da UPF, foi se mostrando muito adequada e produtiva. Sinteticamente falando, consiste em abrir espaço, nos últimos minutos de cada aula, a fim de que o aluno registre suas interrogações, seus *insights*. '.Esses apontamentos servem para desencadear a aula seguinte. Maiores informações poderão ser conseguidas na Faculdade de Educação da UPF. A experiência e as reflexões sobre essa técnica estão registradas nos **Cadernos UPF**, referentes à prática pedagógica na sala de aula. Por sua vez, o teatro, as encenações passaram a ocupar um lugar chave no desabrochamento do processo da fala. Quanto ao escrever, pouco se consegue se o processo da leitura não o preceder. Sobre a compreensão e comunicação do texto escrito, do papel do teatro, sugiro a leitura do livro: **Ler e dizer**, de Elie Bajard, publicado pela Cortez. Col. Questões da nossa época, n. 28.

sentar como desculpas ou empecilhos para não começar. E gradativamente fui sendo tomado por uma satisfação que me impulsionou a envolver-me em atividades como a edição de revistas, pois esse era o meio de dar vazão ao gosto adquirido, mas principalmente abrir espaço para que colegas e alunos fossem desafiados a se expor, através de seus escritos.

Foi no bojo desse processo que a idéia desta coletânea germinou e foi ganhando corpo, até chegar às proporções atuais. Passaram-se quase dois anos desde que passei a desafiar/convidar professores, colegas e alunos, para que cada um, na sua especialidade, escrevesse sobre o processo de ler e escrever. Não coloquei como pressuposto a filiação dos autores a um determinado posicionamento. A preocupação foi lançar flashs sobre o ler e o escrever, numa perspectiva multidisciplinar, teoricamente plural, como está indicado no próprio título da coletânea.

Em termos de organização, o que ocorreu nesses quase dois anos me permite fazer o seguinte jogo de palavras: esta coletânea dá um livro; o processo de construção deste livro, por sua vez, daria outra coletânea. Aconteceu de tudo. Foram telefonemas sem número. Escrevi mais de cem cartas. Recebi outras tantas, as quais constituem um precioso arquivo. Houve colegas que imediatamente aceitaram e responderam ao desafio; outros ignoraram o convite; outros declinaram por 'n' motivos, tais como: falta de capacidade, de tempo, etc..

Transcrevo parte de uma das cartas do colega e amigo L. H. Fabiano[6], por achar que ela é representativa da atitude da maioria dos professores que constantemente postergam o seu enfrentamento com o escrever. Depois de usar expressões como "suores mentais" (que faz lembrar a idéia do outro colega e amigo, E. Tomanik[7], ao afirmar que um escrito resulta de 10% de inspiração e 90% de transpiração!) e "orgasmo gráfico", escreve:

---

[6] O texto do Prof. L. H. Fabiano, com o título: "Da massificação da leitura à massificação da escrita" aparecerá no Volume II desta coletânea, a qual encontra-se no prelo.

[7] Cf. Eduardo A. Tomanik. **O olhar no espelho. 'Conversas' sobre a pesquisa em ciências sociais**. Maringá: Editora da Universidade Estadual de Maringá, Pr, 1994

> *"Quero parabenizá-lo pela iniciativa do projeto. Eu fiquei narcisicamente alegre por ter dado conta do desafio. Creio que o texto tem um calor maior por isto; pelo menos para mim. Há de prestar também a outros. Há muito não conseguia me exercitar na escrita e te agradeço a tolerância além da conta (...) É o meu lado meio Macunaíma...". (Correspondência datada de 28/07/93).*

Há pouco tempo, tendo à minha mente os telefonemas dados e recebidos, as conversas e as cartas escritas e, sobre a mesa, as cartas recebidas e o conjunto dos artigos que compõe esta coletânea, fiquei emocionado e ocorreu-me que, se não houver livro, se não puder levar adiante este empreendimento, enfim, se tiver de parar por aqui, já valeu a pena. Acredito ser a esse sentimento que Rubens Alves se refere quando fala que o saber precisa ter sabor!

A cada dia que passa está ficando mais claro que já passou o tempo em que esta coletânea foi um sonho sonhado só por mim... Durante quase dois anos eu desafiei, persisti, puxei. Agora a situação inverteu-se: sinto-me desafiado, empurrado. Colegas e alunos, que nunca haviam escrito (se exposto), estão vivendo momentos de preocupação excitante.

Perdi o controle da criatura. Agora o sonho é coletivo...

O organizador

Lucídio Bianchetti

É formado em Pedagogia, com habilitação em Orientação Profissional e especialização em Ensino de Ciências. É mestre em Educação pela PUC/RJ e doutor em História e Filosofia da Educação pela PUC/SP. Atuou no ensino fundamental e médio no Rio Grande do Sul e como professor universitário na UPF/RS e na UEM/PR. É professor adjunto de Ciências da Educação na UFSC, onde coordena o programa de pós-graduação em Educação. É autor de numerosos artigos publicados em revistas e livros, bem como organizador de diversas coletâneas.

TRABALHO, LINGUAGEM E CONSCIÊNCIA: UMA MEDIAÇÃO QUE FUNDAMENTA A PRÁTICA ESCOLAR[*]

Isilda Campaner Palangana[1]

Introdução

As inter-relações entre trabalho, consciência e linguagem apresentam-se, hoje, como um dos problemas mais complexos e desafiadores, em particular para os profissionais da educação. Pesquisadores[2] que se dedicam a essa questão sabem da sua centralidade frente às transformações que estão ocorrendo no mundo do trabalho. As investigações sobre o assunto buscam contribuir com proposições capazes de responder a situações práticas e conflitantes que se apresentam neste momento[3]. Só para lembrar uma dessas situações, em sendo verdadeira a hipótese de que verifica-se uma direta e significativa interdependência entre trabalho, linguagem e consciência, o educador pode perguntar-se, de imediato: para que qualidade de consciência concorre a linguagem por ele veiculada em sala de aula? E ainda: em que medida essa mesma linguagem se põe, para ele

---

[*] Este artigo, com significativas modifiações, originalmente foi publicado nos Cadernos CEDES no. 35, sob título: "A função da linguagem na formação da consciência: reflexões"

[1] Professora adjunta do Departamento de Teoria e Prática da Educação/UEM e doutoranda em Educação pela PUC/SP.

[2] Ver por exemplo, Trân Duc Thao (1974), J. V. Wertsch (1985), M. Bakhtin (1990).

[3] Ou seja, proposições condizentes com as necessidades sociais e não apenas do setor produtivo, industrial.

e para o aluno, como instrumento que permite compreender e atuar na realidade social da qual ambos são parte?

Luria (1986) destaca que, num contexto de crise social, o espaço e a função da linguagem na constituição do psíquico torna-se um dos mais importantes capítulos da psicologia e da educação. Quando a velha[4] forma de ser da sociedade dá mostras de seu esgotamento; quando, ao mesmo tempo, o capital desenvolve novos tentáculos a fim de manter-se enquanto sistema, os educadores precisam ter, no mínimo, a clareza de que sua prática atinge consideravelmente o estabelecimento das formas de pensamento e, portanto, de inserção e posicionamento frente às mudanças sócio-econômicas em curso.

Freqüentemente deparamo-nos com abordagens que discutem a gênese das funções mentais enquanto fenômeno que ocorre independentemente da atividade prática dos homens, das interações que estabelecem entre si e com a realidade material no trabalho e por ele. Nessa perspectiva, pouco ou nada se explora sobre a possibilidade de o trabalho e a linguagem atuarem como instrumentos mediadores, básicos e decisivos, na elaboração da consciência racional.

A ciência psicológica, a quem essa problemática diz respeito muito de perto, até então, praticamente não havia se ocupado com a mesma. Isso, provavelmente, por ter acreditado - durante décadas a fio - que as explicações para os processos psíquicos deveriam ser buscadas no interior do próprio sujeito. Ora nos recônditos da alma[5], ora nos do biológico[6], mas sempre no plano endógeno. Destacamos que não se trata de uma crença ingênua, desavisada. Trata-se, isso sim, de uma postura fundada e, por isso mesmo, que se sustenta - ao longo da Idade Média e ascen-

---

[4] Velha porque não é mais suficiente para garantir condições dignas de vida para todos os homens; velha porque sua lógica mantenedora, a de compra e venda da força de trabalho, insistentemente reafirmada, está superada pelo desenvolvimento das forças produtivas.

[5] Postura que se sustenta durante toda a vigência do modo de produção feudal até na modernidade, quando as questões eram tratadas no campo da filosofia.

[6] Postura mecanicista que emerge no advento da maquinaria, ganhando espaço e se impondo na sociedade capitalista.

são da sociedade burguesa - na forma como os homens se organizam socialmente para garantir a sobrevivência.

Não obstante, conta-se atualmente com obras de inúmeros teóricos - dentre eles, Bakhtin 1990, Leontiev 1978, Luria 1986, Rubinstein 1972, Vygotsky 1987 - que, fundamentados nos clássicos da dialética materialista, recobram o ponto de equilíbrio. Fazem-no quando explicitam, com clareza, a construção do psiquismo humano como resultado (das) e, ao mesmo tempo, condição para as transformaçç_s que os homens operam na natureza física e, simultaneamente, também na psíquica, a fim de atender necessidades históricas, gestadas e modificadas na própria dinâmica da atividade laborativa.

Por um lado, é sabido que a primeira postura não responde mais, satisfatoriamente, às inquietações registradas em torno do assunto, qual seja, as mútuas implicações entre relações de trabalho, linguagem e consciência. Mesmo porque, como já foi dito anteriormente, são representações do fenômeno que os homens estão fazendo em um dado momento e contexto em nada semelhantes aos atuais, ainda que continuem a ser empregadas; por outro lado, as explicações postas pelos denominados sócio-históricos a essas mesmas indagações se encontram em vias de compreensão, carecendo, assim, de estudos e esclarecimentos.

Obviamente não se pensa em decodificar, aqui, o enigma por inteiro. Apenas colocar-se no debate e, quem sabe, trazer elementos que possam contribuir para o encaminhamento da referida compreensão.

As discussões que se seguem privilegiam, no contexto do trabalho, a função da linguagem na formação da consciência. Tais discussões estão organizadas em três momentos. Inicialmente buscamos subsídios em clássicos da história, da filosofia e, com freqüência, da antropologia, objetivando compreender as implicações da linguagem no processo de hominização, ou seja, na passagem da consciência predominantemente biológica, instintiva, para a racional. Uma vez entendido o fato em sua gênese, no segundo momento, procedemos à análise dessa mesma questão no plano psicológico. O desafio, nesse âmbito, é refletir sobre a função que a linguagem cumpre na individuação, quer dizer, como a consciência social se repete e se modifica em cada sujeito, tendo em vista as condições de vida em coletividade. Por fim, apresentamos algumas considerações sobre a formação da consciência no atual contexto de crise, em que, a despeito das condições sociais de sobrevivência, o capital luta por manter-se recriando as formas de organização do trabalho. Essa é, sem dúvida, uma discussão complexa que, neste texto, encontra-se ainda num estágio embrionário.

A linguagem no processo de hominização

Se o fundamento da humanidade está no trabalho, o entendimento do homem e, por decorrência, do seu psiquismo implica na apropriação da atividade, desse mesmo homem, em seu caráter produtivo.

Numa breve retrospectiva, pode-se re/afirmar que a transição de nossos ancestrais da condição de arborícolas para terrícolas foi um passo significativo na definição da linhagem humana. O instinto de sobrevivência obrigou-os a se alimentarem do que havia disponível na terra: animais e plantas. A alimentação semicarnívora demanda ações práticas específicas, das quais resultaram modificações tanto nas características físicas, como nas psíquicas. Deve-se levar em conta, também, que a maior ingestão de proteínas operou mudanças na estrutura biológica do cérebro, vindo a favorecer o estabelecimento de novas conexões mentais.

A vida na terra libera as mãos da constante tarefa de preensão e, ao mesmo tempo, obriga os homínidas a lidarem com os perigos imanentes à diferente realidade em que se encontravam. Esses fatos se completam: as mãos estão disponíveis a uma necessidade emergente, qual seja, usar instrumentos para se defender e, igualmente, para garantir o sustento. Tais condições de subsistência modificam a forma das mãos e, mais, imprime-lhes habilidades e destrezas antes inexistentes. A mão humana é um órgão de trabalho e, concomitantemente, produto dele. Mas ela não é uma parte independente do resto do corpo. É, isto sim, membro de um organismo integrado e extremamente complexo. Os benefícios processados pelas mãos repercutem no corpo do qual é parte. Assim, as novas habilidades e destrezas estão nas mãos, no pensamento e no mundo. Como escreve Linton (s/d), a estrutura do humano, seus aspectos físicos e psíquicos, traz o testemunho mudo das funções constituídas e transformadas ao longo da história.

As possibilidades advindas da condição de terrestres não param aqui. Considerando que os antepassados mais remotos do homem já eram dotados de instinto gregário, é verdadeira a hipótese segundo a qual a multiplicidade de circunstâncias e contingências em comum contribuíram para que esses seres, em processo de hominização, consolidassem, cada vez mais, seus laços societários.

A convivência em coletividade e, nela, a divisão de tarefas geram necessidade de comunicação. Os membros do sexo feminino, em função da gestação, do amamentar, dos cuidados com a prole e, sobretudo, pela menor força física, ocupavam-se com tarefas como: colheita de recursos vegetais, manutenção do fogo, captura de pequenos animais, dentre outras. Os do sexo masculino, por sua vez, eram responsáveis pela manutenção do grupo e pela caça. Essa situação partilhada fez com que as relações entre machos e fêmeas fossem além da mera parceria sexual nos períodos de cio. Propiciou um "acasalamento" mais duradouro. Assentam-se, desse modo, condições materiais necessárias à formação da família e, junto com ela, uma interação intensa que favorece a comunicação.

O aparecimento da consciência humana encontra-se indissoluvelmente unido à atividade laborativa. Retomando Thao (1974), não é no trabalho esporádico de adaptação dos antropóides que se deve buscar a origem da consciência e sim no estágio em que o trabalho de adaptação já se pôs como hábito, ainda que sem a forma da produção característica da sociedade humana. A consciência é engendrada num processo profundamente imbricado à comunicação gestual, e ambas - consciência e linguagem - à atividade instrumental. Na dinâmica do trabalho, os homens interferem no ambiente natural, adaptando-o às suas necessidades. A prática produtiva confere ao objetivo uma nova identidade, de caráter social. E, simultaneamente, cria o próprio homem. Os utensílios de pedra, manufaturados há mais de dois milhões de anos, bem corroboram o que ora se afirma. Foi usando, fabricando e atribuindo aos objetos novas qualidades e, por conseguinte, utilidades diferentes, que os homens transformaram (e continuam a transformar) a materialidade e, nessa mesma medida, construíram (e continuam a construir) o imaterial - o subjetivo.

Nas primeiras modalidades de confecção, os objetos pouco se distinguem da forma em que se encontravam quando do estado de natureza. Entretanto, as mais antigas ferramentas, mesmo em sua tosca formação, mostram, claramente, na contínua e diversificada produção e re/produção - lembrando que este segundo momento traz consigo elementos outros, em função de necessidades gestadas na própria ação produtiva - a estruturação de um reflexo psíquico que, gradativamente, se distingue da consciência biológica, orientada basicamente por instintos. A consciência racional está presente desde que o homem consegue visualizar o produto final de sua obra na matéria bruta. O que o move não é mais o objeto em si, mas a intencionalidade. É o nascimento do ser teleológico.

A fabricação de um simples instrumento de pedra ou de madeira demanda o uso de "instrumentos para fazer instrumentos". Esse é um aspecto decisivo no processo de superação da conduta animal. Trata-se de realizações que favorecem o estabelecimento e, ao mesmo tempo, denotam faculdades especificamente humanas.

Os objetos manufaturados guardam em si técnicas de manipulação, princípios, esquemas mentais; guardam características de um pensamento que se distanciou do anterior - pré-consciente.

> *"O trabalho, primeiro, depois a palavra articulada constituíram-se nos dois principais fatores que atuaram na transformação gradual do cérebro do macaco em cérebro humano que, não obstante sua semelhança, é consideravelmente superior a ele quanto ao tamanho e à perfeição"* (Engels, 1984:25).

A linguagem coloca-se, pois, como causa e como conseqüência do desenvolvimento do cérebro e de seus assessores imediatos: os órgãos do sentido. Se o trabalho criou o órgão e a função, há que se considerar também o inverso. A consciência, dotada de uma crescente capacidade de discernimento e abstração, atuou na atividade prática e na linguagem, imprimindo-lhes horizontes que não mais coincidem com os precedentes, justamente por estarem ambos - objetos físicos e simbólicos - sendo aperfeiçoados.

O trabalho força os homens à comunicacão. No início, as ações de trabalho e a comunicação formam um processo único. Agindo sobre a natureza, os movimentos agem, igualmente, sobre os outros participantes na produção. Portanto, as ações dos homens têm, nessas condições, uma dupla função: a produtiva e a de comunicação. Posteriormente, essas duas funções se separam. Isso se verifica quando, por razões que não vêm ao caso, um movimento laboral não leva aos fins práticos dele esperados. Mas, a despeito disso, continua agindo sobre os participantes do grupo. Nessa circunstância, o movimento - bem como os sons vocais que o acompanham - separam-se da ação de trabalho, conservando, tão somente, a função que consiste em agir sobre os outros membros da coletividade: a de comunicação (Leontiev, 1978).

O movimento com função única de comunicação transforma-se em gesto - um ato que não chega ao resultado final, ao produto da obra, apenas indica-o. Contudo, tal movimento não consiste simplesmente em traçar uma direção. Mais que isso, comporta a função do apelo: "(...) O gesto da indicação, como orientação à distância, é um apelo ao trabalho sobre o objeto indicado" (Thao, 1974: 22). E, enquanto apelo, completa-se pela forma vocal. No pré-hominídeo, o gesto da indicação, quando o grito o acompanha, toma um sentido de objeto. "Torna-se a exclamação que define a forma originária da linguagem verbal e indica o objeto como o objeto do trabalho" (Ibid: 22). O conteúdo que o movimento de trabalho comunica se fixa no gesto e, deste, na palavra. Os sons que assumiam a função de transmitir informações não eram palavras capazes de designar, com independência, os objetos, suas qualidades, finalidades e relações. Os sons que começam por indicar coisas materiais ainda não tinham existência autônoma. Eram, acredita-se, entonações expressivas, acompanhadas de gestos, possíveis de serem compreendidas apenas no contexto em que surgiam. Mesmo porque, como escreve Luria (1979), esses "protovocábulos" podiam designar o objeto para o qual a mão apontava, a própria mão e a ação produzida com esse objeto. Só depois de muitos milênios a linguagem dos sons vai separando-se da ação prática e adquirindo independência.

Na aurora do desenvolvimento, a percepção não se ilumina de súbito; não permite distinguir, com justeza, o conteúdo da forma prática que o engendra, e na qual esse se manifesta. O que eqüivale a dizer: o significado não se separa do ato laborativo. Assim, é por meio deste que se comunica tanto o processo de fabricação, como a intenção que o orienta. Aqui, a significação coincide com os sentidos (biológicos, instintivos), retratando, tão somente, o real, o ato.

A linguagem se humaniza na produção material. À medida em que ela se desmembra da atividade prática, as significações, abstraídas dos objetos na dinâmica social, vão sendo internalizadas. Aquilo que era movimento no trabalho torna-se substância da consciência. É por essa via que se constitui o que Leontiev (1978) denomina "reflexo psíquico da realidade", sinônimo de consciência racional. O elo existente entre a linguagem e o trabalho é a condição maior para o estabelecimento da subjetividade.

A linguagem fonética, enquanto uma vinculação abstrata entre a palavra e o que ela designa, só pode ser estruturada com base nas funções do pensamento que haviam sido criadas pela comunicação gestual. A palavra passa a funcionar como símbolo quando ela deixa de ser, simplesmente, parte da ação, passando a evocá-la: é quando o verbal começa a se desprender do motor (movimentos), representando-o. O desenvolvimento da linguagem fonética, por sua vez, subsidia uma re/elaboração do pensamento rumo ao abstrato.

A plasticidade do domínio consciente foi sendo gerada no próprio processo produtivo. A complexificação das operações práticas e dos instrumentos exige do trabalhador um sistema de ações conjugadas e, em determinadas circunstâncias, subordinadas umas às outras. Fato que concorre para o alargamento do conjunto de significações, bem como interfere em sua qualidade. A esse respeito, Luria (1977: 77) informa:

> *"a preparação dos instrumentos de trabalho requer uma série de procedimentos e modos (desbastar uma pedra com outra, friccionar dois pedaços de madeira na obtenção do fogo), por outras palavras, exige a separação de várias operações auxiliares. A separação dessas 'operações' é o que constitui a sucessiva complicação da estrutura da atividade".*

As operações que, em princípio, eram atos predominantemente motores são absorvidas, tornando-se operações mentais. Logo, teórico/práticas. É, precisamente, a fabricação de utensílios diferenciados e, por vezes, de instrumentos compostos, aliada à necessidade de tornar tais instrumentos adequados ao fim deles esperado, que força a tomada de consciência das ações práticas.

Confirma-se, nessa linha de raciocínio, uma estreita interdependência entre as sucessivas etapas do alargamento da esfera do consciente e os graus históricos do desenvolvimento da sociedade primitiva. A estrutura da consciência e a prática laborativa espelham-se mutuamente: o psíquico só existe no e por causa do físico[7], sendo o inverso verdadeiro. Cada pólo contém (o) e está contido no outro. Lembrando Marx (1989), o consumo dos bens produzidos tem um duplo caráter: subjetivo e objetivo. Ao atuar em coletividade, o homem desenvolve suas faculdades mentais e, ao mesmo tempo, depende delas, consome-as desde o próprio ato da produção. O psíquico, tendo sido alterado, percebe e atua no social também de modo diferente, recriando-o.

A produção, com a finalidade de atender necessidades postas pelo conjunto dos homens, acarreta modificações nas particularidades qualitativas e quantitativas do psiquismo. A histo-

---

[7] Físico enquanto materialidade social.

ricidade das condições concretas de existência desencadeia e subsidia alterações no conteúdo e, por isso, na forma de ser da atenção, da discriminação, da afeição, da emoção e demais funções psíquicas. Esse mesmo fato produz outras alterações, de caráter mais geral, quando força o estabelecimento de novas capacidades. A passagem à humanidade, por exemplo, fez-se acompanhar de mudanças no tipo de reflexo psíquico como um todo, resultando na consciência (Leontiev, 1978).

No percurso da luta pela sobrevivência, os homens vão aprendendo a dominar a natureza e, igualmente, internalizando as transformações por eles operadas. É nessa dinâmica que o pensamento teórico vai se configurando e, junto com ele, uma psique humanizada, o que, evidentemente, reverte-se para as ações práticas. Nem ela, nem estas permanecem inalteradas. Com o estabelecimento dos primeiros reflexos conscientes firmam-se as condições para uma orientação voluntária dessas ações. O trabalho requer o controle consciente da atividade. E é igualmente certo que ele o possibilita, fazendo variar o conteúdo e as formas cognoscitivas, emocionais e afetivas. Assim, por exemplo,

> "... do comportamento impulsivo de um selvagem - que, no estado de excitação emocional, executa uma série de movimentos sem qualquer domínio - passa-se aos sutis movimentos da mímica e da pantomima" (Rubinstein, 1972:137).

É, mais precisamente, essa espécie de linguagem representacional, fruto da prática conjunta e dotada de significados culturais, que vai contendo a impulsividade irracional e convertendo-a em regulação voluntária, consciente. Uma regulação que afeta a realidade material, as relações dos homens entre si e, portanto, o jeito de viver, de ser e de pensar desses homens.

Na dialeticidade entre o social e o individual, a linguagem como mediadora

É verdade que os recursos físicos e a linguagem objetivam a subjetividade humana, tornando-a acessível às novas gerações. No entanto, para o processo de individuação da consciência, o mais importante sistema de sinais é, sem dúvida, a linguagem. Por meio do trabalho e, simultaneamente, dos instrumentos simbólicos, os homens, e cada um deles, participam da vida cotidiana. A linguagem tem a qualidade de tornar presente pessoas e/ou situações ausentes, transcendendo completamente o imediato.

Se a consciência possui uma estrutura, esta se elabora e se sustenta com base no signo. Resta, então, perguntar: como esse processo de elaboração re/acontece em cada sujeito? Ou, o que não é diferente: como conquistas coletivas podem ser ao mesmo tempo propriedades individuais?

A criança nasce inserida numa determinada organização social: nasce um igual. O desenvolvimento não consiste em progressiva socialização de alguém primordialmente "autista", mas, ao contrário, na individuação de alguém fundamentalmente social, porque produto do trabalho coletivo (Rivière, 1985). O recém-nascido traz consigo condições anatômicas, fisiológicas, legado da história de vida prática daqueles que o antecederam. Para ser um humano em particular, há que apropriar-se da cultura dos homens, fazendo-a também sua.

Inicialmente o bebê interage com o meio orientado por motivos biológicos, instintivos. Suas atividades são impulsionadas por uma consciência reflexológica, pré-consciente. Nesse primeiro momento, linguagem e consciência são duas linhas de ação inteiramente independentes. De um lado tem-se a linguagem pré-intelectual, movida por sensações; uma comunicação que se expressa, principalmente, pelo choro e através de movimentos ainda desprovidos de sentido para quem os executa. De outro, observa-se uma consciência pré-lingüística, que não intui, não simboliza - como a denomina Vygotsky (1987), "uma inteligência prática" - logo, não há pensamento.

Mas, com as trocas que se efetivam entre criança/objeto e,

especialmente, entre criança/pessoas, os signos e significados culturais vão sendo internalizados. Essa passagem do plano inter para o intrapsíquico só se faz mediante regulação próxima e intensa daqueles com quem a criança convive. Com isso, a consciência vai deixando de ser guiada apenas por necessidades instintivas e vai sendo orientada, cada vez mais, por necessidades que, antes de serem individuais, são sociais, porque produzidas em conjunto, no movimento do trabalho, mediato e imediato.

Concordando com Vygotsky (1987), o encontro entre a linguagem social - apreendida do e no meio - e a consciência reflexológica é o momento de maior impacto no curso da constituição do pensamento. Diz-se que essa intersecção é um marco no processo de individuação, pelo fato de que nela está a gênese do pensamento; com ela, a consciência ganha, gradativamente, um novo perfil: simbólico, racional, no qual se configura a formação dos processos psicointelectuais.

As imagens e representações conceituais invadem[8] a inteligência prática, tornando-a consciente. Quando isso acontece não há mais distinção entre linguagem e pensamento; esses passam a ser sinônimos, compondo uma única unidade. Afinal, o que é pensamento senão um conjunto de imagens, signos e significados, gestados em sociedade, portanto, no plano exógeno, e que, justamente pela partilha do indivíduo nesse plano, termina por se estabelecer no endógeno, enquanto característica de um sujeito? Lembrando Rivière (1985), antes do pensamento se expressar sob a forma de linguagem, ele existe através e por causa dessa ferramenta. Ela conecta a expressão e a realização do pensamento. É oportuno dizer que não se pretende reduzir o pensamento à linguagem - mesmo porque nem é possível. Determinadas áreas mentais não mantêm ligações diretas com a fala, podendo funcionar independentemente das imagens verbais[9].

A linguagem encerra em si o saber, os valores, as normas de conduta, as experiências organizadas pelos antepassados; por

---

[8] O ritmo desse processo de internalização da linguagem e de tudo o que nela se encerra depende, dentre outros fatores, da qualidade das interações.

[9] Ver Vygotsky (1987).

isso, participa diretamente no processo de formação do psiquismo desde o nascimento. Ao nomear os objetos, explicitar suas funções, estabelecer relações e associações, o adulto cria, na criança, formas de reflexão sobre a realidade. Está se destacando a intercomunicação como fator fundamental não apenas na apreensão do conteúdo, mas, igualmente, na constituição do afetivo, do emocional, da cognição. Sim, pois a palavra, mais especificamente, o significado, contém determinadas possibilidades de conduta, em especial de operações mentais cristalizadas. Ele é, nesse sentido, generalização e síntese de representações que os homens fazem do real. Quando a criança, pela intervenção de pessoas, toma para si significados socialmente construídos, junto com eles incorpora e desenvolve uma qualidade de percepção, de memória e atenção, de raciocínio e abstração, dentre tantas outras capacidades presentes no mundo moderno. Daí a razão para se afirmar que a prática conjunta e, nela, a mediação dos signos e significados re/criam a atividade psíquica - uma conquista do coletivo - em cada novo membro da espécie.

Assim, fica evidente que a linguagem penetra e organiza, efetivamente, todos os campos do psiquismo, desempenhando um papel excepcionalmente importante na formação/ transformação dos processos psico-intelectivos. Tal destaque se justifica, em princípio, por dois motivos: primeiro, a linguagem expressa a subjetividade humana em seus diferentes aspectos, viabilizando a configuração do fenômeno em fato. Com esse efeito, permite tanto a regulação do subjetivo como[10] a apropriação dessa riqueza pelas gerações sucessivas. Segundo[11], a linguagem é a matéria prima e elemento constituinte que alicerça e dá sustentação a todas as funções superiores[12] do comportamento. Dela dependem a existência e a identidade das referidas funções.

Observe-se que a linguagem é uma via de mão dupla; quer

---

[10] Regulação feita pelas condições de vida em sociedade e, por conseguinte, pelas necessidades gestadas em cada período.

[11] Lembrando que o segundo motivo não se separa do primeiro, os dois acontecem simultaneamente; a separação é meramente didática.

[12] As funções elementares ou inferiores são as de natureza instintiva.

dizer, ela tanto forma como comunica os inúmeros sentimentos e habilidades objetivados até então. Só para lembrar algumas dessas habilidades, a atenção irracional se prende ao valor biológico da coisa. Com a internalização do discurso, o sujeito passa a arbitrar sobre sua atenção. Enquanto a memória do animal tem como parâmetro e limite orientações imediatas, provenientes do meio e/ou dos instintos, nos homens, permeada pelos recursos da linguagem, ela assume característica mnemônica consciente, com fins definidos pelas necessidades que enfrentamos em cada momento histórico. A percepção humanizada é fruto do conteúdo, que lhe impõe critérios e, por vezes, novas leis. A imaginação é impossível sem a linguagem. Esta garante o ir e vir além do aqui/agora, ou seja, uma atuação apenas a nível de pensamento - é a simbolização. Com a capacidade de discriminar, e com quantas outras possam ser tomadas como parâmetro, não é diferente. Todas elas são elaboradas e personalizadas, sobretudo, com base nos signos e significados culturais.

Frente ao exposto, cabe deduzir: a psique, em toda sua complexidade e mutabilidade, origina-se, no plano social, graças à atividade produtiva. Individualiza-se pelas interações - que têm na linguagem o veículo fundamental - e, novamente, pelos mesmos meios, socializa-se. Em resumo, é essa a dialética responsável pelo "milagre" do psiquismo humano.

Por certo, um dos maiores testemunhos de que as propriedades da consciência estão antes na linguagem é a necessidade de orientação constante que a criança pequena requer. De início, suas ações são planejadas e acompanhadas, muito proximamente, por aqueles que a cercam. Portanto, a regulação da conduta infantil procede do externo para o interno, apoiada, diretamente, na comunicação. Quando, no convívio diário, as pessoas apontam, discriminam, oferecem explicações, ressaltam aspectos, comportam-se, estabelecem relações junto com a criança estão, mesmo sem se dar conta, participando ativamente na con/formação do seu pensamento, de sua consciência. Nas experiências partilhadas, a criança não vai simplesmente aprendendo a cumprir ordens, a imitar posturas, a seguir regras e princípios. Mais que isso, vai interiorizando-os, dominando suas correspondentes operações e, não raro, re/elaborando-os a partir de condições socialmente dadas.

À medida que os símbolos, sentidos e significados são captados e reconstruídos no particular, assentam-se capacidades de auto-regulação. O norte e os limites, aos poucos, passam a ser referências do próprio sujeito, sem, no entanto, perderem o caráter social. Mas é preciso considerar que a posse destes elementos - símbolos, sentidos e significados - não assegura, ao indivíduo, independência e estabilidade indefinidas de ação e pensamento. Conceitos são revistos com freqüência, dada a historicidade nas relações de produção.

A pressão exercida pelo meio consiste numa valiosa arma para que o conteúdo e as faculdades da consciência passem do pluri ao uno (do coletivo para a criança ou dos homens para um homem) e vice-versa. Evidentemente, o que sublinha essa pressão é o fato de a criança pequena não ser auto-suficiente. A necessidade concreta de atendimento obriga-a à comunicação, razão pela qual, nesse processo do inter ao intrapsíquico, a fala é abstraída em seus aspectos psicológicos[13] antes de ser apreendida em sua mecânica. O gesto, por exemplo, primeira forma de comunicação, é um signo impresso no ar, que já contém, embrionariamente, o significado materializado na linguagem oral e/ou escrita.

Na perspectiva aqui defendida, as funções psíquicas não se dão a conhecer isoladamente, uma vez que só existem e só se desenvolvem na mais estreita sintonia. O que provoca as transformações em cada uma delas são, precisamente, as combinações e intercâmbios efetuados entre si.

Não há, pois, uma elaboração autônoma de capacidades isoladas. Há, isto sim, a concretização de novas relações entre funções, resultando em mudanças nas essencialidades e, por isso, no perfil de todas e, ao mesmo tempo, de cada uma delas. O mais importante, porém, é destacar que a interfuncionalidade da consciência, essas relações capazes de promover as formas de pensamento, antes de se identificarem como características

---

[13] Significado e sentido.

de natureza psíquica e estarem na consciência, são de natureza semiótica, emergem e se articulam nas mediações laborativas, na linguagem.

Em síntese, a linguagem intervém na formação e no funcionamento de todos os processos psíquicos. Mas é em relação ao pensamento que suas implicações são fundamentais e decisivas. Ela está intimamente ligada ao pensamento. Não é nem anterior, nem posterior a ele; ambos se elaboram juntos no e por meio do trabalho - motivo pelo qual a linguagem só reflete o que é produzido no contexto das relações sociais. Linguagem e pensamento coexistem numa cumplicidade indissolúvel, na qual a primeira dá forma e objetiva a existência do segundo.

Se, por um lado, a linguagem é o principal elemento para a efetivação e atividade das funções mentais, por outro, ela não está isenta das prescrições postas por essas faculdades, em cujo estabelecimento ela própria contribuiu. Explicando: tais funções, elaboradas pela via da linguagem, tendo sido constituídas, podem propiciar outras aquisições lingüísticas, ou seja, de conteúdo, e, junto com este, de pensamento, o que só referenda os laços de dependência já explicitados. Mesmo quando o pensamento não se corporifica diretamente pela linguagem e sim a partir de imagens, estas estão sempre acompanhadas de sentido, de significados.

Também é ponto pacífico que a individuação do ser humano passa, necessariamente, pelo crivo da simbologia e das representações, independentemente de como elas se manifestam - através de gestos, da escrita, da oralidade ou, porque não dizer, da postura como um todo - mas não independentemente do que manifestam. Em outras palavras, a qualidade das aquisições individuais[14] é, direta e fortemente, dimensionada pela qualidade do conteúdo a que se tem acesso e, por conseguinte, pelas articulações que o mesmo permite. Tal constatação bem demonstra o papel que a linguagem desempenha na dialeticidade entre o social e o individual.

---

[14] Em termos de raciocínio, percepção, memória, atenção, dentre outras funções psíquicas.

A formação da consciência frente aos desafios que se evidenciam no mundo do trabalho: Algumas Considerações

Admitindo a tese de que a identidade do ser humano, seus sentimentos, afeições, suas formas de pensamento e, mais que isso, o perfil e a essência dessas capacidades dependem das comunicações que permeiam as trocas sociais, cabe indagar qual conteúdo cumpre essa função com propriedade, num contexto em que, de um lado, as condições de sobrevivência - para boa parte dos homens - estão cada vez mais difíceis de serem asseguradas e, de outro, o capital persegue sua revitalização nas trilhas abertas com as formas de organização do trabalho resultantes da aceleração tecnológica.

Os conteúdos com os quais a educação deve ocupar-se são os velhos - posto que os novos só se definem a partir de novas formas de organização social - que continuam no horizonte de expectativas. O que se renova são os compromissos dos conteúdos, já sistematizados, frente aos desafios sociais. Esses precisam ser postos a serviço da compreensão da realidade socialmente dada. Uma compreensão que funcione como instrumento básico para o aprendiz no processo de apropriação [dessa] e atuação nessa realidade. Dar a conhecê-la, no estado de crise, significa explicitar suas contradições, suas possibilidades, limites e necessidades.

As transformações pelas quais o setor produtivo vem passando, neste final de século, são de grande monta e não menos surpreendentes do ponto de vista qualitativo. Muito embora se insista em manter, na sua essência, princípios básicos do contrato social capitalista, como a lógica de acumulação, com destaque para a compra e venda da força de trabalho, não há como negar as conquistas tecnológicas, científicas e suas implicações nas características da sociedade como um todo, em particular no mundo do trabalho.

As necessidades de tornar o produto competitivo nos mercados nacional e internacional; de readequá-lo, constantemente, aos personalismos característicos do modo de produção capitalista; de operar com instrumentos complexos, porque integradores de funções, dentre outras, pressupõem e, ao mesmo tempo, forçam a elaboração de formas de pensamento distintas daquelas que, até aqui, asseguraram a produção em grandes séries, praticamente homogêneas. De um trabalho parcializado e repetitivo, que cobra basicamente atenção e resignação de quem o executa, está se passando para outro estado de organização, que vem demarcado pelo trabalho integrado - no qual as pequenas tarefas tendem a desaparecer -, flexível e automatizado. Nesse quadro, que no Brasil apenas começa a ser delineado, as exigências cognitivas são qualitativamente diferentes. É preciso contar com desenvoltura lingüística, de raciocínio, associativa e outras[13]. Trata-se de uma dinâmica que aponta para a aquisição de um saber que não se reduz mais a receituários de fórmulas e técnicas. O conhecimento restrito, petrificado, cuja finalidade era treinar para o desempenho de uma tarefa, há muito não atende as demandas do capital. Essas estão a requerer capacidade para enfrentar e resolver situações diferenciadas e em constante mutabilidade, capacidade de análise, interpretação e síntese.

A escola, inserida nesse contexto de mudanças, não pode se eximir de estar atenta à sua própria prática. A discussão e revisão dos conteúdos estão na ordem do dia. No entanto, podem tornar-se uma tarefa desprovida de sentido social se levada adiante apenas porque a modernização tecnológica está a requerê-la. Permitir que a educação se oriente, tão somente, pelo prisma econômico é concorrer para a manutenção de coisas em detrimento de pessoas. Uma análise que capte o real na sua totalidade concreta mostra que as conquistas sociais - advindas do campo da microbiologia, elétro-eletrônica, engenharia genética, informática e outras - estão longe de ser universalizadas ou partilhadas por todos. O mercado de trabalho, restrito e mais excludente que em quaisquer outros tempos, sustentado por embricadas e complexas relações de poder, tem minado, para um grande contingente populacional, as condições de acesso aos meios de produção e aos bens produzidos. O usufruto das ri-

---

[13] Celso Ferretti discute essa questão em detalhes no texto *Modernização Tecnológica, Qualificação Profissional e Sistema Público de Ensino*, 1993/

quezas disponíveis se restringe a poucos. Como se sabe, essa problemática não é engendrada nem tampouco pode ser resolvida no âmbito da escola, o que não diminui em nada sua larga responsabilidade na ação de desvendá-la em suas razões históricas. Lembrando Frigotto (1993), o dialeto lingüístico, gnosiológico, valorativo, estético e cultural da escola democrática há que contribuir para uma ordem social mais avançada, no sentido de uma sociedade na qual todos se reconhecem como cidadãos. O caminho, portanto, não é enveredar pelo saudosismo, ignorando os feitos tecnológicos, mas apropriar-se deles, repensando-os no processo de transmissão dos conteúdos.

Aliar a elaboração e a qualidade do pensamento ao conteúdo veiculado é chamar o professor a uma responsabilidade deveras significativa: quem ensina conteúdo ensina também a pensar. Então, para que tipo de pensamento o ensino tem concorrido? Pode-se postular, em princípio, duas alternativas: um ensino que orienta a consciência individual, a fim de adaptá-la ao que está dado, ou um ensino que persegue a consciência, capaz de entender-se enquanto parte de uma realidade que pede mudanças para além daquelas sinalizadas pelos interesses capitalistas.

Ao encontro da primeira pseudonecessidade, coloca-se a prática educativa, fortemente enraizada na contemporaneidade, que se caracteriza por discutir as especificidades de conteúdo - referentes às várias áreas do conhecimento - como se essas tivessem sentido e significado em si mesmas, autojustificassem-se. É a repetição naturalizada, que perdeu de vista a situação sócio-histórica na qual tais conteúdos emergiram e foram sistematizados; é o ensino de matérias que se desencumbem (por negligência ou por desconhecimento) de discutir o saber científico como representação e resposta aos desafios que, na crise, aparecem como individuais, mas que, na verdade, são sempre coletivos. Esse procedimento pedagógico, incapaz de explicitar os vínculos entre o que se transmite na escola e o que se passa fora dela, tem pouca ou nenhuma chance de contribuir para o estabelecimento da consciência fundamental a este momento.

A dificuldade acima observada não se explica apenas pelas estratégias de ensino. Aliás, esse é o aspecto de menor relevância. A modernidade traz consigo um leque de recursos que, somado à farta e recomendada literatura disponível sobre o assunto, encaminham-no com propriedade. O problema decorre do fato de o professor, com raras exceções, não dispor de um parâmetro teórico que possa oferecer-lhe subsídios na significação dos conteúdos. O foco das preocupações, com insistência, voltado prioritariamente para os processos mentais, para o como se aprende e, na mesma medida, para o como se ensina, há que ser redirecionado. Hoje, a problemática maior diz respeito ao que ensinar. Se os conteúdos a permanecer são os que estão referendados desde o início da modernidade (mesmo porque não se dispõe de outros) é possível e imprescindível revê-los, em função das demandas sociais.

Assim, quando se reitera a necessidade de requalificar o fazer educacional, não é com o intuito, pouco esclarecido, de ajustar o passo escolar ao da indústria. Claro está que a qualidade almejada inclui também as competências demandadas pela prática produtiva. Mas seus contornos vão muito adiante, pois o que deve configurá-los são as necessidades dos homens, logo, sociais, e não as de uma classe. Nessa perspectiva, o trabalho de requalificação deve ter como ponto de partida e de chegada a realidade dada dos sujeitos concretos. O encaminhamento decorrente desse objetivo maior é um ensino que contribua para a transformação e não para a obediente adaptação social.

Com a linguagem, inclusive aquela veiculada em sala de aula, o sujeito adquire um conjunto de riquezas produzidas pelos próprios homens, dentre elas a consciência, que pode ser um fato alienado ou um poderoso instrumento na leitura de mundo e, mais que isso, um instrumento norteador de sua práxis na atual conjuntura. Nesse embate, compete à escola assumir a parte que lhe é de direito e obrigação, viabilizando, àqueles que a freqüentam, a mediação conteudística necessária à formulação de consciências conhecedoras da moderna e concentrada materialidade; capazes de perceber que a continuidade dessa obra implica, antes de mais nada, na descentralização dos bens acumulados, em busca de condições de vida menos excludentes e mais igualitária.

BIBLIOGRAFIA

ARIES, Phiplippe. **História Social da Criança e da Família**. Rio de Janeiro: Guanabara, 1981.

BAKHTIN, Mikhail. **Marxismo e Filosofia da Linguagem**. São Paulo: Hucitec, 1990.

ENGELS, Friedrich. **A Dialética da Natureza**. Rio de Janeiro: Paz e Terra, 1979.

— **A Origem da Família, da Propriedade Privada e do Estado**. Rio de Janeiro: Civilização Brasileira, 1987.

— **O Papel do Trabalho na Transformação do Macaco em Homem**. São Paulo: Global, 1984.

FERRETTI, Celso J. **Modernização Tecnológica, Qualificação Profissional e Sistema Público de Ensino**. São Paulo em Perspectivas, S.P., v. 7, (1), 1993.

FRIGOTTO, Gaudêncio. **Trabalho e Educação Face a Crise de Capitalismo: Ajuste Neoconservador e Alternativa Democrática**. Rio de Janeiro, 1993 (tese defendida em concurso para professor titular).

GADAMER, H.G. e VOGLER, P. **Nova Antropologia**. São Paulo: EPU, 1977, v.4.

LEONTIEV, Alexis N. **Actividad, Consciência e Personalidad**. Buenos Aires: Ciências del Hombre, 1978.

— **O Desenvolvimento do Psiquismo**. Lisboa: Horizonte Universitário, 1978.

LINTON, Ralph. **O Homem: Uma introdução a Antropologia**. São Paulo: Martins, s/d.

LURIA, A.R. **Linguagem e Desenvolvimento Intelectual na Criança**. Porto Alegre: Artes Médicas, 1985.

— **Pensamento e Linguagem**. Porto Alegre: Artes Médicas, 1986.
— **Desenvolvimento Cognitivo**. São Paulo: Ícone, 1990.
e YUDOVICH. **Linguagem e Desenvolvimento Intelectual na Criança**. Porto Alegre: Artes Médicas, 1985.

MALINOWSKI, B. **Uma Teoria Científica da Cultura**. Rio de Janeiro: Zahar, 1962.

MARX, Karl. Manuscritos Econômicos - Filosóficos. In: **Os Pensadores**. 2a Edição. São Paulo: Abril Cultural, 1978.
— **Contribuição para a Crítica da Economia Política**. São Paulo: Edições Mandacaru Ltda, 1989.
— **O Capital**. São Paulo: Difel, 1984, Livro I, V.I.
— e ENGELS, F. **A Ideologia Alemã**. São Paulo: Hucitec, 1987.

RIVIÈRE, A. **El Sujeto de la Psicologia Cognitiva**. Madrid: Alianza, 1987.

RUBINSTEIN, S.L. **Princípios de Psicologia Geral**. Lisboa: Estampa, 1972, Vs 1,2,4,5 e 6.

SIGUAN, Miquel. **Actualidad de Lev S. Vygotsky**. Barcelona: Editorial del Hombre, 1987.

THAO, Trân Duc. **Estudos sobre a Origem da Consciência e da Linguagem**. Lisboa: Estampa, 1974.

VYGOTSKY, Lev S. **A Formação Social da Mente**. São Paulo: Martins Fontes, 1988.
— **Pensamento e Linguagem**. São Paulo: Martins Fontes, 1987.
— et alii. **Linguagem, Desenvolvimento e Aprendizagem**. São Paulo: Ícone, 1988.

WERTSCH, J.V. **Culture, Communication and Cognition**: Vygotskian Perspectives. Cambridge: Cambridge University Press, 1985.
— **Vygotsky and the Social Formation of Mind**. Cambridge, Harvard University Press, 1985.

Isilda Campaner Palangana
É formada em Pedagogia pela Faculdade de Filosofia Ciências e Letras de Paranavaí, Pr
Fez mestrado em Psicologia da Educação na PUC/SP e é doutoranda em História e Filosofia da Educação na mesma Instituição. Além de inúmeros artigos, é de sua autoria o livro: "Desenvolvimento e aprendizagem em Piaget e Vygotsky: a relevância do social", publicado pela Plexus, SP

CONCEPÇÃO DIALÉTICA
DE ESCRITA - LEITURA: um ensaio

Ari Paulo Jantsch[1]

"...as ciências fundamentadas nas opiniões [ciências humanas- sociais] precisam do assentimento dos outros e só se constituem dentro dessa trama. Elas não podem ser monológicas, mas dialógicas e plurilógicas. Realizam-se dentro de um dialogismo para que os outros se pronunciem, emitam suas opiniões. A partir dessas opiniões, constrói-se a trama epistêmica, científica, dotada de suficiente consistência para merecer o nome de ciência: uma ciência de tipo dialógico e dialético, não monológico mas argumentativa, persuasiva, capaz de interferir nas pessoas, em suas mentes, inteligências, desejos, vontades. Capaz de transformá-las, quem sabe dominá-las, subjugá-las". (Pessanha, 1993:16)

Iniciando a conversa

Com o título geral, queremos assumir o presente trabalho com a humildade de quem busca uma concepção de realidade que seja uma ruptura da tradição empírico-positivista[2] e, por conseqüência, precisa estar aberto à historicidade do objeto em problematização, bem como aceitar a provisoriedade da análise-compreensão acumulada sobre o objeto.

---

[1] Professor do Centro de Ciências da Educação (CED) da Universidade Federal de Santa Catarina (UFSC) - Florianópolis - SC.
[2] Sobre empirismo e positivismo, valemo-nos do trabalho de Pessanha (1993).

O nosso objetivo é participar do debate (coletivo) que assume uma abordagem dialética da realidade, tentando estabelecer algumas hipóteses que poderão se constituir em elementos de discussão na prática social dos educadores, especialmente daqueles que se situam na área da comunicação (língua, lingüística, literatura, teatro, meios de comunicação de massa, publicações, etc).

A escrita-leitura, enquanto objeto epistêmico (passível de análise - desmonte da totalidade epistêmica, de modo a se poder penetrar em todos os seus elementos ou partes constituintes - e de compreensão: totalização e/ou retotalização do objeto desmontado, de modo a se concebê-lo como uma síntese de suas múltiplas determinações e/ou de seus múltiplos elementos constituintes), precisa ser assumida como *imanente* (não é externa ao mundo em que ela se realiza) em uma *totalidade*[3] histórico-social.

Assumindo a realidade como uma totalidade histórico-social, somos desautorizados a constituir totalidades epistêmicas autônomas. Qualquer objeto científico e/ou filosófico constitui-se, por condição imanente, em totalidade epistêmica (é matéria suficiente, embora sendo sempre um recorte do real, para constituir um conceito central, uma lei, uma teoria, uma disciplina, uma área, um projeto ou, em outras palavras, um sistema de conceitos que seja, ao mesmo tempo, intérprete e criador da realidade). Por outro lado, poderíamos afirmar que a totalidade histórico-social jamais se reduz a qualquer totalidade epistêmica. Daí o reducionismo e a violência implícitos em todo *imperialismo* epistemológico.

A nosso ver, a autonomização de qualquer totalidade epistêmica incorre em imperialismo epistemológico, reduzindo a totalidade histórico-social a uma de suas dimensões/aspectos/partes e violentando o processo de totalização dessa realidade.

---

[3] É oportuno explicitarmos a idéia de Warde (1993: 60) sobre a totalidade: "Encaro com grande apreensão o abandono precipitado do marxismo...Falo de um abandono que aponta para a dispensa de qualquer esforço de compreensão totalizante". Encontra-se farta explicação sobre *totalidade* também nas obras de Kosik (1969), Gramsci (1978) e Cury (1985).

LEITURA CRÍTICA • ESCRITA CRIATIVA

A nossa postura evoca o princípio da interdisciplinaridade[1]. Por mais que um objeto/problema possa se constituir em uma totalidade epistêmica, esse(s) não consegue(m) dar conta da totalidade histórico-social e não ganha(m), por isso, *sentido* algum a não ser referido(s) a essa totalidade. A referência à totalidade histórico-social é a realização, em últimas palavras, do princípio da interdisciplinaridade, o que não quer dizer que abdicamos da especificidade de cada totalidade epistêmica. A interdisciplinaridade, assim, jamais é a pretensão do discurso *unívoco*, nem a unidade universal buscada pela metafísica, tampouco uma ciência modelar (própria da tradição do imperialismo epistemológico).

Na totalidade histórico-social, afirma-se a *diferença*[3] e não a mesmice, o padrão, o modelo, a univocidade, a cópia ou a mera reprodução. Também afirma-se a criação através da "negação da negação" (terceira lei da dialética).

Não é possível concebermos uma totalidade sem os seus elementos constituintes (constituintes porque a totalidade é histórica). Pelo contrário, caímos em uma totalidade vazia que, por assim se caracterizar e se definir, nada afirma e nada cria. Em outras palavras, caímos em uma concepção a-histórica da realidade, em uma abordagem não dialética de qualquer objeto/problema.

Na concepção histórico-dialética da realidade, qualquer objeto/problema é assumido em duplo (mas não ambíguo) sentido:
1. como manifestação da totalidade (uma vez que a totalidade se torna concreta nos seus elementos constituintes) e,

---

[1] Não assumimos a concepção voluntarista e/ou da filosofia do sujeito sobre interdisciplinaridade. Tampouco admitimos uma pan-interdisciplinaridade. Por outro lado, ao pensarmos a realidade a partir da categoria da totalidade, tomando como imanente a esta a *diferença* e a especificidade-particularidade, obrigamo-nos a aceitar a interdisciplinaridade como um princípio dialético da produção do conhecimento e do pensamento. Neste sentido, não assumimos a teorização do Congresso de Nice (UNESCO,1969) sobre interdisciplinaridade. Aceitamos, porém, a conceituação de ETGES (1993). Sobre interdisciplinaridade ver, também, Jantsch & Bianchetti (1994 e 1995).
[3] Além de ETGES (ver nota 4) as falas na 15ª Reunião Anual da ANPED (**cadernos ANPED**, Porto Alegre, números 4 e 5, (1993) expressam-se sobre a diferença-especialidade. Destacamos, aí, as falas de Pessanha (1993) e Warde (1993).

45

2. como partícipe na produção da totalidade (uma vez que esta é a síntese sempre nova, histórica, da objetivação e/ou afirmação dos diferentes elementos constituintes).

Esse duplo sentido afirma um objeto/problema apenas como totalidade epistêmica, jamais como totalidade histórico-social. Por outro lado, a totalidade histórico-social, se considerada como uma unidade indiviso-absoluta, torna-se uma categoria vazia, isto é, sem conteúdo, cheia de vaguidão e de generalidade que nada afirma, nada objetiva, nada cria e que não dá conta do real, na sua complexidade, em nossa prática social de educadores.

A nossa prática social (pressupondo-se, aí, uma certa metacognição ou reflexão sobre a nossa prática) não pode prescindir da categoria da totalidade, bem como do princípio da interdisciplinaridade, que assegura o(s) conteúdo(s) necessário(s) para a realização da totalidade, agora em outra dupla dimensão: a universalidade e a especificidade.

Cury (1985:27), ao analisar a educação a partir das categorias da filosofia da práxis[6], diz que

> "A categoria da totalidade justifica-se enquanto o homem não busca apenas uma compreensão particular do real, mas pretende uma visão que seja capaz de conectar dialeticamente um processo particular com outros processos e, enfim, coordená-lo com uma síntese explicativa cada vez mais ampla".

A categoria da totalidade, assumida no mundo filosófico-científico ou científico-filosófico, implica, ao mesmo tempo, a universalidade e a especificidade. A articulação-tensão dessas exige de nós a atitude pesquisante em nossa prática social de educadores, com base no princípio da interdisciplinaridade. Agindo contrariamente, pretendemos separar, entre outros, sociedade e educação.

---

[6] Veja-se a explicitação da filosofia da práxis por Gramsci (1978). Essa obra foi editada várias vezes no Brasil e também pela Ed. Paz e Terra. Ver também Vásquez (1968).

O próprio Cury (ibidem) nos traz uma exemplificação, dizendo que

> *"Sob o ponto de vista da sociedade, eliminar a totalidade significa tornar os processos particulares da estrutura social em níveis autônomos, sem estabelecer as relações internas entre os mesmos. Considerar a educação como um processo particular da realidade, sem aceitar a própria totalidade, isto é sua vinculação imanente às relações sociais, significa tomá-la como universo separado"*

O nosso problema (objeto: a escrita-leitura) não é apenas o de se tomar processos particulares como universos separados ou estanques. Esse modo positivista de se conceber o real desdobra-se naquilo que podemos discernir como reificação, que

> *"É o ato (ou resultado do ato) de transformação das propriedades, relações e ações de coisas produzidas pelo homem, que se tornaram independentes (e que são imaginadas como originalmente independentes) do homem e governam sua vida. Significa igualmente a transformação dos seres humanos em seres semelhantes a coisas, que não se comportam de forma humana, mas de acordo com as leis do mundo das coisas."* (Bootmore, 1988:314).

Assim caracterizada, a reificação significa a impossibilidade de o homem recriar-se e de recriar o seu mundo. Também significa a coisificação do homem.

Bottmore (1988:316) também nos diz que

> *"De acordo com M. Kangrga, a 'reificação é uma forma superior, isto é, a forma mais alta de alienação' (1968:18), não sendo apenas um conceito, mas um requisito metodológico para o estudo crítico e para a 'transformação prática, ou melhor, a destruição de toda estrutura reificada'"* (ibidem: p.82).

O homem (ser de linguagem) e sua linguagem não são captáveis como coisas. A não ser que queiramos reificar tanto o homem quanto a sua linguagem; ou tratar o homem e a sua linguagem deslocados e reduzidos à matemática e à física. Pessanha (1993:17), ao analisar a racionalidade que consegue fazer esse tipo de deslocamento e essa redução, diz que

> *"...a modernidade que seguiu este caminho cientificista e tecnológico esqueceu aquelas observações de Bacon segundo as quais, quando o objeto de conhecimento for o ser humano, não é possível tratá-lo como coisa. Não posso pensar que a minha metodologia, feita para dominar coisas, seja eficaz e legítima nesse terreno. Mas foi exatamente isso o que aconteceu a partir do século XVIII, e principalmente no século XIX, quando as chamadas ciências humanas ou sociais [...] despontaram como ciências em um contexto filosófico e ideológico dominado pelo modelo quantitativista, matematizante e fisicalista".*

Pensamos não ser necessário nos prolongarmos com uma fala que explicite os elementos gerais de uma concepção dialética que subsidie a nossa análise-compreensão sobre a escrita-leitura. Sinteticamente, poderíamos dizer que essa concepção possibilita-nos afirmar que:

1. A realidade é histórico-social.
2. A realidade, enquanto histórico-social, põe-se como totalidade (histórico-social).
3. A totalidade (histórico-social) não é o reino da mesmice, do indiferente, da homogeneidade, do modelo... Ela implica processos particulares, especificidades e/ou diferenças, o que é sua condição histórico-social ou sua natureza dialética.
4. Toda particularidade/especificidade ganha sentido quando não autonomizada, isto é, quando referida à totalidade (histórico-social).
5. O homem é o centro da realidade histórico-social (que é, ao mesmo tempo, universal e particular, geral e específica), o que faz com que nenhuma de suas criaturas (por exemplo, a lín-

gua, a escrita, etc.), no processo histórico-social, possa ser concebida como autônoma/isolada em relação ao homem, nem às demais criaturas.

6. O homem, como centro da realidade histórico-social ou como sujeito, pode criar totalidades, como, por exemplo, uma totalidade epistêmica. O sentido dessa, porém, está no homem e na totalidade histórico-social.

7. Dar autonomia a uma totalidade epistêmica ou considerá-la como um universo separado é o mesmo que conceber a realidade de forma positivista, contrariando a concepção dialética e, nos seus desdobramentos, a categoria da totalidade e o princípio da interdisciplinaridade.

8. A concepção positivista implica, mormente, o estabelecimento de reificações, pelo que as criaturas do homem não apenas são autônomas, mas governam a vida do homem. Enfim, a criatura governando o criador. É a morte do homem enquanto sujeito[7], e a sua objetivação como coisa.

Reconhecemos a natureza embriônica da nossa escrita-fala, até aqui, sobretudo porque nos propomos uma concepção dialética da escrita e da leitura. Temos consciência de que a filosofia da práxis nos traz, hoje, outras categorias que podem subsidiar a análise-compreensão do objeto (epistemológico) em apropriação por nós, sujeitos de e da linguagem, bem como dos seus desdobramentos ontológicos e políticos. Mas nosso intuito não é de esgotar o objeto escrita e leitura.

Apenas objetivamos participar do debate (discurso dialógico e não monológico) que assume a natureza dialética (histórico-

---

[7] Sobre a questão do sujeito, em uma concepção dialética, e sobre o objeto a escrita, recomendamos a leitura de Kramer (1993), p. 217 a 258. Vejamos um excerto (p. 219): "...cheguei aos três autores que forneceram a chave para o meu trabalho: Walter Benjamim, Mikhail Bakhtin e Lev Vygotzky. Sobre eles me debrucei e com eles pude pensar a linguagem, a história e o sujeito, ensaiando a compreensão de um marxismo que recupera a posição do sujeito na história, que reconhece a presença do homem nessa história, que valoriza a arte e a linguagem. Com eles e a partir deles tento quebrar a dureza da linguagem que em geral caracteriza os textos pedagógicos..."

social) da linguagem, especialmente no seu desdobramento escrita e leitura. Acreditamos que os elementos por nós já referidos, embora insuficientemente trabalhados, já se constituem em um subsídio inicial para estabelecermos algumas considerações e hipóteses acerca da prática social do educador em geral e especialmente daquele que se situa no particular/específico da comunicação e assume uma concepção dialética da realidade.

A partir da conversa inicial, uma escrita-fala sobre a escrita-leitura

Quando escrevemos, ocupamo-nos com a realidade (totalidade histórico-social, não vazia, nem cheia de partes reificadas), ou melhor, interpretamos e produzimos a realidade. O que permite à atividade de escrever o interpretar e o produzir o real é o conceito, que definimos como "síntese" (unidade conceitual - das contradições), síntese que não é oca ou vazia, mas que é ato de "Begriff"[8] (o que quer dizer abarcar ou pegar a realidade), realizado pelo pensamento que projeta a realidade e penetra na sua essência, descolando-se do imediatismo empírico-sensível. Escrever, nesse sentido, é uma atividade que implica reflexão mediata que, por sua vez, implica um objeto e um sujeito (pensante).

A realidade não é o que está externo ao sujeito, conforme se pode afirmar a partir da tradição empirista (sujeito e objeto externos um ao outro) e da tradição positivista (supõe o empirismo e nega a ruptura, isto é, o devir ou a dialética), mas é o trabalho de abstração que elabora e reelabora em sínteses cada vez mais

---

[8] "Begriff": conceito. Termo usado por Hegel (1980), especialmente no livro "Fenomenologia do Espírito. As notas de rodapé do livro "Fenomenologia do Espírito" (p. 5 a 75) ajudam a compreender a teorização hegeliana sobre *conceito*:" Begriff". Ver, especialmente, as notas 2,9,39 do prefácio e a nota 4 da introdução. A nossa compreensão sobre conceito, em grande parte, é devida à teorização hegeliana. A nosso ver, Gramsci, ao pronunciar-se favorável à concepção filosófico-científica da realidade e vendo essa como a superação do senso comum, aproxima-se da teorização de Hegel sobre o "conceito". Nesse sentido, a obra de Gramsci (1979) não é gratuita. Relativo à teorização de Gramsci sobre o senso comum, ver, também, Schaefer e Jantsch (1995).

totais a relação sujeito-objeto, reconstruindo tanto o sujeito quanto o objeto. Acontece, aí, uma superação.

Não se admite uma realidade simplesmente dada, externa a quem pensa e ao pensamento, nem um sujeito pura e simplesmente autônomo. Nossa concepção se centra na relação sujeito-objeto, fugindo de qualquer polarização. Assim, de uma só vez, superamos a(s) filosofia(s) do sujeito (que afirma(m) a supremacia de um eu pensante que magicamente ordena o caos do mundo externo a ele) e o empirismo/positivismo (que afirma uma ditadura do objeto).

O trabalho de abstração, que se dá mediante à conceituação, é o diálogo do sujeito com o objeto. O conceito, com o qual nos apropriamos do e produzimos o real, pretende-se total e totalizador. É total ao ser sintético, e é totalizador porquanto se põe historicamente, isto é, a partir da totalidade histórico-social. Nesse sentido, a escrita é a sistematização de conceitos (esses capazes de interpretar e produzir o real). De conceitos que não são congelados, coisificados, petrificados. Trata-se de conceitos vivos, isto é, partes da totalidade histórico-social. Assim assumida, a escrita é texto (sistematização de conceitos) e contexto (conceitos vivos e com sentido, pois referidos à totalidade histórico-social).

A historicidade dos conceitos resiste à dogmaticidade dos homens que buscam congelar, petrificar, coisificar, reificar, ...os mesmos, bem como a língua, a linguagem... e a escrita. A historicidade dos conceitos exige de nós, autores (criadores), o trabalho de abstração que totaliza (institui) e retotaliza (supera) constantemente a realidade e, por outro lado, impede que os conceitos se tornem totalitários.

Com esses fundamentos assumidos na escrita, ela liberta o homem. Aí, é livre a pessoa que não dogmatiza os conceitos, nem dogmatiza as teorias (sistema de conceitos). Aqui o trabalho do conceito não é apenas significado, mas também significante. A nosso ver, qualquer *ismo* no pensamento e na escrita (uma das *atividades* do nosso pensamento) é *redução* que não abarca mais a realidade em seu movimento (totalizante e/ou total, mas não totalitário). Tal redução congela o pensamento e dogmatiza a escrita.

A postura dogmática não é aberta àquilo que podemos deno-

TRAMA E TEXTO

minar de projeto (sistema de conceitos que são, por si só, ruptura, criando uma nova realidade) e concebe a realidade na separação sujeito-objeto (na qual não existe superação-dialética). Escrever, aí, é romper, criar, produzir. Não é ler o instituído, o dado; não é apenas descrever. É *superar* (a partir do objeto dado, pensar o não-objeto de um novo objeto), conceituando (descolando-se do mundo empírico-sensível próprio do senso comum: o contentamento com o dado, com o modelo, com o padrão). Escrever, assim, liberta-nos do senso comum e nos obriga a sair do (fácil) sono dogmático[9].

A nossa hipótese é que a escrita assume, hoje, em uma concepção dialética da realidade, um novo conceito. A partir do novo conceito, a escrita consiste em uma *apropriação* do real, de modo a estabelecer *sínteses que abarcam o real* ("Begriff"), ao mesmo tempo interpretando e produzindo o real. Daí termos afirmado acima que *não basta descrever.*

Aos educadores que alfabetizam poderíamos dizer que o ensinar a escrever jamais pode ter a motricidade e a forma como centrais. O ato de escrever precisa ser assumido como *processo de abstração* (superação do mundo empírico-sensível). Também poderíamos dizer que ensinar a escrever não é ensinar a copiar. A abstração impõe, por imanência, a elevação da reflexão em relação a qualquer fotografia que congela o real (dogmatiza). A cópia é um recurso que praticamente não exige pensamento. Ensinar a escrever é ensinar a pensar e a criar; é ensinar a conceituar, de modo a se poder apropriar-se da realidade, interpretando-a e produzindo-a.

E para o educador em geral, poderíamos dizer que escrever

---

[9] Pessanha (1993), ao comentar "o bon Dieu do cartesianismo", em que "O mundo me é entregue pela minha razão clara", diz: "E se ele fosse em princípio livre, de uma liberdade exemplar, tão livre que seria o ser das surpresas, dos imponderáveis? E se ele fosse a fonte da criatividade, do novo e não da repetição? O ser criador do futuro e não do passado? Se estivesse sempre no além do além, não só da transcendência temporal, mas num além do pós, do pós, do pós? Inventando aquilo que nós não ousamos inventar e que os artistas canhestramente vão tentando tatear? E se ele fosse o grande criador, como às vezes dizemos que é, mas que no fundo não gostaríamos que fosse para não perturbar a nossa sonolência?"(p. 25)

52

põe-se como *criação*, isto é, como *mediação pesquisante* e como *ruptura* em relação ao senso comum, a não ser que aceitemos a escrita no limite da *motricidade* de quem escreve e na *formalidade* do que é escrito. Produzir formas não é escrever, embora a forma não possa ser vista como algo separado do conteúdo. Daí o fracasso das gramáticas formalistas.

O novo conceito que uma concepção dialética da realidade traz para a escrita, vendo-a como criação, como ruptura, como mediação pesquisante..., faz com que a concebamos não como uma coisa, nem como um processo autônomo na totalidade histórico-social. A escrita, aqui, é concebida como *atividade* (no nosso caso, de conceituar/teorizar), isto é, como ação de apropriação da realidade, em sua dupla dimensão: interpretação e produção.

Se a escrita pode ser *concebida* (a concepção implica o trabalho do conceito e, no nosso caso, o novo conceito) como atividade, torna-se central, em qualquer processo educativo que se ocupa com conceitos e sistemas de conceitos (teorias), a *produção de textos* e não mais o seu *consumo*, o qual não passa de uma leitura acrítica e a-histórica da produção de outrem, caindo imediatamente no dogmatismo (de que já falamos). A produção de textos, como atividade que objetiva, em grande parte, o nosso pensamento, é uma *prática social* por excelência, uma vez que a escrita intervém na realidade. Em outras palavras, com a escrita (de textos) fazemos história..., enfim, existimos, falando para o *"auditório social presente fora e dentro de cada um de nós"* (Kramer, 1993:228).

Escrever, na nossa concepção, passa a ser uma atividade filosófica (revolucionária), pois com os textos que produzimos dizemos a realidade, abrimo-nos ao mundo (totalidade histórico-social) e somos. Eis que no texto estamos abertos à criação e não às cópias, aos modelos, aos padrões, às estruturas pré-dadas, à mesmice, enfim, ao senso comum; *projetamos* novos mundos; marcamos a nossa *diferença*; lemos na particularidade e na especificidade o universal; damos sentido à particularidade e especificidade na totalidade histórico-social; superamos o senso comum. Com o texto, enquanto atividade (filosófica), fazemos-nos críticos, revolucionários, criadores e projetamos novo(s) mundo(s).

Escrever também passa a implicar a tomada de posição, a

avaliação: daí a sua dimensão crítica. Segundo a teorização de Kramer (1993), por exemplo, toda vez que se escreve uma história, escreve-se uma nova história. Poderíamos também dizer: toda vez que escrevemos sobre um objeto, escrevemos a sua história, e toda vez que voltamos a escrever sobre o mesmo objeto, escrevemos uma nova história para esse objeto. Nesse sentido, tornamo-nos criadores (observe-se que escrever é intervir). O que melhor poderia caracterizar a escrita do que a criação? O que mais pode comprometê-la do que as puras e simples reprodução/cópia, repetição, formalismo?

Não podemos, também, cogitar uma criação sem *ruptura(s)* ou sem saltos qualitativos: daí a revolução.

A crítica e o movimento criador/revolucionário implicam, num texto e na escrita, a construção de novo(s) mundo(s), mundos sem a separação sujeito-objeto, sem a polaridade universal-geral X particular-específico, sem a dicotomia conteúdo e forma, sem a dualidade texto e contexto. É a condição para uma concepção dialética da realidade e, em seu desdobramento, da categoria da totalidade.

Relacionando (melhor) os nossos elementos teóricos (hipóteses) ao objeto específico: a escrita e a leitura

Podemos assumir o escrever como uma explicitação/objetivação da *relação* (pois não se trata de uma coisa, como já vimos anteriormente) sujeito-objeto no *processo de construção histórica* do conhecimento. Essa relação processual é o que podemos chamar de *pensamento*, que é, por sua vez e também, a própria *dialética do conhecimento* ou, se quisermos falar pelo avesso, a negação absoluta do dogmatismo e de seus desdobramentos na escrita e na leitura (as cópias, o consumo, etc). Sem nos delongarmos mais uma vez, podemos dizer que a escrita não pode ser assumida como coisa e/ou ser reificada. Pelo contrário, numa concepção dialética, ela precisa ser assumida como *atividade do nosso pensamento*, esse histórico-social. Escrever, assim, é também fazer história.

A escrita se objetiva em textos que, por sua vez, constituem

LEITURA CRÍTICA • ESCRITA CRIATIVA

totalidades comunicacionais (simples ou complexas). O texto elaborado passa a ser, numa totalidade comunicacional, a expressão da relação sujeito-objeto. De certo modo, o texto é a síntese do enfrentamento de um sujeito com determinado objeto, síntese que *expõe* (objetiva) tanto o sujeito quanto o objeto. Isso porque, mesmo que seja o sujeito que se apropria de um objeto, o objeto oferece resistência/condições no trabalho do pensamento humano. Nesse enfrentamento e nessa resistência aparece, na escrita, a *coerência*, uma vez que não podemos dizer qualquer coisa (subjetivismo) de um objeto em análise e compreensão, sob pena de nunca se poder superar o senso comum. Coerência, aqui, é a lógica do texto que, por sua vez, se apropria da lógica do objeto.

A apropriação do objeto pelo sujeito e a resistência do objeto a qualquer discurso-texto nos diz que a escrita *revela/desvela* e, ao mesmo tempo, oculta a realidade (histórico-social). Revela porque é uma *leitura* da realidade. Oculta porque o *signo* não é capaz de *reproduzir*, pura e simplesmente, essa realidade. Nesse caso, um texto precisa ser sempre uma "resignificação sígnica"[10], isto é, estar aberto a superações ou, em outras palavras, tomar a direção oposta à dogmaticidade. Escrever, pois, não é apenas produzir um texto, mas nele trazer uma leitura do contexto, ou seja, da realidade que é multideterminação do texto, extrapolando, necessariamente, a redução sígnica original.

A nossa fala, até aqui, nos coloca outra hipótese: todo *texto é* uma *leitura* da realidade ou *todo ato de escrever pretende ler*. Em outras palavras, podemos dizer que todo texto tem uma *concepção* e/ou uma Weltanchauung[11] (visão de mundo ou *leitura totalizante*). Sendo uma concepção/visão de mundo/leitura totalizante, um texto também é, no mínimo, a expressão de um *conceito-chave* e, na sua ampliação, de um sistema de conceitos. Sendo tal expressão, um texto sempre implica uma "reflexão filosófica" (Saviani, 1985). No nosso caso, destacamos a reflexão de conjunto como a que mais caracteriza um texto como filosófi-

---

[10] Sobre a resignificação ou " resignificação sígnica", ver o trabalho "A Escrita e a Superação do Senso Comum" de Sérgio Schaefer, presente nesta coletânea.
[11] Termo da língua alemã usado por Gramsci (1978).

co, atendendo à categoria da totalidade da filosofia da práxis.

Ao assumirmos a última hipótese mencionada, não podemos mais pensar a escrita separada da leitura. Assim como não separamos a teoria e a prática, vendo-as sempre como interpenetrantes num mesmo movimento/dinâmica, também não separamos a escrita e a leitura, mas as vemos como interpresentes no nosso contexto. Tanto a leitura como a escrita são, pois, *apropriações de um objeto*, ou, de uma forma mais genérica, da realidade, que é sempre uma produção humana.

As apropriações de que falamos não são, a nosso ver, uma espécie de fotografia ou decalque da realidade. Elas podem ser definidas melhor como apropriação abstrata, um trabalho mental de abstração, uma tentativa de descolamento do real imediato e sensível, uma elaboração de um conjunto de hipóteses que tenta ser a análise e a compreensão da realidade. Assim sendo, de nossa parte, podemos explicitar mais uma hipótese: toda a escrita (que também é uma leitura) se dá em um duplo movimento e constitui-se em uma dupla dimensão, qual seja:

a) A análise, que é o desmonte do objeto[12];

b) A compreensão, que é a tentativa de totalização do objeto, uma forma de pegar ("Begriff") o objeto como um todo, embora decomposto pela análise.

Radicalizando (o que é próprio da reflexão filosófica) a nossa última hipótese, chegamos à outra, que nos parece a mais importante para o atual contexto ou totalidade histórico-social, principalmente em se tratando do campo específico da educação: todo esforço de escrever é, também, um esforço de *pesquisa* que, por sua vez, implica tanto a ciência (que se caracteriza principalmente pela análise) quanto a filosofia (que se caracteriza principalmente pela compreensão). Nesse sentido, a atividade da escrita é uma busca de concepção filosófico-científica ou ci-

---

[12] Kosik (1969) explica o conhecimento como um processo no qual *decompomos*, necessariamente, o objeto desse conhecimento. A escrita, a nosso ver, por expor o conteúdo de nosso conhecimento e pensamento, participa da decomposição do objeto em questão. Nos escritos acadêmicos, essa decomposição aparece principalmente na fase que denominamos "desenvolvimento". A conclusão necessariamente faz o trabalho da totalização e compreensão.

entífico-filosófica da realidade. Desaparece, aqui, pois, a polaridade /dualidade filosofia X ciência.

As hipóteses por nós já postas permitem pensar a escrita como um dos elementos indispensáveis do processo de superação do senso comum na camada popular[13], bem como do processo de construção do seu projeto histórico-social.

Se a escrita fosse uma leitura do real em forma de decalque ou fotografia, não seria necessário que a camada popular escrevesse, porque sua escrita criaria o mesmo conteúdo (conceitos: instrumentos lógico-processuais que pegam o real) que qualquer escrita de um representante da burguesia. Como não se trata disso, a escrita passa a ser um imperativo para a camada popular, bem como à educação e às instituições educativas da camada popular. Além disso, a ciência e a filosofia são, por natureza, ruptura do senso comum (que tende a não ser o descolamento do real sensível - empiria - e imediatez instrumentalizada). Tratando-se de uma *concepção* científico-filosófica ou filosófico-científica, não há uma escrita-leitura que reproduz o real (fotografia ou decalque), mas uma decomposição-síntese que produz uma realidade. Por isso, torna-se imperativo à camada popular escrever, para construir a sua realidade, o seu projeto de realidade. Nesse sentido, a camada popular assume a escrita como uma *atividade* (não coisa) humana, intervindo no real de modo a apropriá-lo, transformá-lo e/ou produzi-lo. É uma condição para a camada popular vivenciar a terceira lei da dialética: a *"negação da negação"*. A escrita como atividade (humana) filosófico-científica e científico-filosófica não é dogmática; é *projetiva*: daí a "negação da negação".

O presente trabalho traz implícita a relativização da gramática tradicional (formalista, nominalista, reificante,...), uma vez que ela não se concebe como uma *lógica processual* que ao mesmo tempo apreende e cria o real. Luria (1979:17), de certa forma, faz essa crítica ao afirmar que

---

[13] O senso comum não existe apenas na camada popular. Ver, a esse respeito, Schaefer e Jantsch (1995). Antonio Gramsci, base da obra aqui referida, teorizou de um modo incisivo sobre a necessidade da camada popular superar o senso comum e elevar-se a uma concepção filosófica da realidade para construir o seu projeto histórico-social.

> *"A aprendizagem da língua escrita (...) não será entendida como uma manifestação ou expressão do desenvolvimento cognitivo, mas como uma atividade cognitiva promotora de processos intelectuais superiores que envolvem o plano da ação lógico-verbal e que ultrapassam os limites da 'percepção sensorial imediata do mundo exterior'".*

Luria refere-se à alfabetização. Mas quando se trata da escrita para adultos, que supostamente buscam ser sujeitos políticos, como conceber a escrita? E mesmo pensando a linguagem nas crianças, como superar a separação leitura e escrita e a redução da escrita a um texto formal (sem contexto e sem atividade de intervenção na realidade), algo tão característico de nossa gramática tradicional? Vemos na escrita de Kramer (1993:217) uma resposta:

> *"Temos proclamado alto e bom som nosso objetivo de que as crianças se tornem autoras - leitoras e escritoras. A pergunta é: são hoje os <u>professores</u> de pré e primeiro graus autores? São falantes, leitores e escritores vivos de uma linguagem viva? " (grifo nosso).*

A pergunta de Kramer é a mesma que a nossa: quando se trata de adultos, como cenceber o *processo da escrita*?

Warde (1993:39) nos dá uma pista ao comentar o fracasso da lógica cartesiana no Brasil e, nesse comentário, dizer que:

> *"Leminski faz parte de um escol de escritores, entre os quais é proibitivo não incluir Machado de Assis, Lima Barreto, Guimarães Rosa, o necessário Mario de Andrade e o indefectível Nelson Rodrigues, que através da literatura escaparam das perguntas antinômicas para <u>desvendar</u> na nossa <u>singularidade o universal</u>. De outro modo, poderia dizer que fizeram literatura, e da melhor qualidade, exatamente porque, fazendo-a, puderam registrar como a humanidade (o universal) encontrou em nós um outro jeito de se realizar (ou seja, de se singularizar)".*

O que Warde nos oferece é um referencial para pensar a escrita por parte dos adultos que lêem e criam a realidade e o fazem providenciando conceitos que são capazes de pegar e produzir o real. A singularidade seria o "espaço" da criação. Nesse sentido, Warde nos dá outra contribuição (ibidem) ao dizer que:

> "...Leminski e seus companheiros nas dores da arte, fazem pensar, também, que nós, que não temos pretendido fazer literatura, e sim ciência, temos sido um tanto incapazes de operar com os nossos conceitos, todas as vezes que abrimos os jornais e empreendemos a "oração matinal realista". Gastamos grande parte das nossas energias a afiar as ferramentas de trabalho, mas reclamamos diariamente de uma realidade que de tão peculiar, tão imprevisível, escapa à compreensão, nega-se à concepção, rebela-se contra os conceitos e, se não bastasse, é tão múltipla que nos põe dúvida se podemos tomá-la como autenticamente singular" (p. 39-40).

Para finalizar, não busquemos a nossa universalidade fora de nós. Criamo-la, a partir da nossa singularidade. Viva a diferença, a criação, e não a cópia.

Mas o objetivo do presente trabalho (de abstração) não é dar respostas cabais. O nosso trabalho põe-se antes como construção hipotética e como ensaio. Reconhecemos, acima de tudo, que o conjunto das pessoas que concebem/teorizam o real em sua historicidade/dialeticidade, constrói as respostas necessárias aos nossos problemas. Situando-se para além de nós, Sonia Kramer, Mirian Jorge Warde, José Américo Pessanha, dentre outros, conseguem oferecer elementos que já se põem mais como resposta (histórica) do que como hipótese. Por outro lado, esses pensadores, com exceção de Sonia Kramer, não se ocupam, em seus artigos mencionados, da nossa temática. Aos leitores deste, que gostariam de ver uma teorização que já se aproprie mais da escrita enquanto essência-fenômeno escolar, sugerimos a leitura do trabalho de Sonia Kramer (mencionado na nota nº 7).

BIBLIOGRAFIA

BOOTTMORE, Tom (Editor) **Dicionário do Pensamento Marxista**. Rio de Janeiro: Jorge Zahar Editor, 1988.

CURY, Carlos R. J. **Educação e contradição**. São Paulo: Cortez/ Autores Associados, 1985.

ETGES, Norberto Jacob. **Produção do Conhecimento e Interdisciplinaridade**. In.: **Educação e Realidade**. Porto Alegre: UFRGS, v. nº 2 jul./dez. 1993, p.73-82.

FAZENDA, I. C. A. **Interdisciplinaridade - um projeto em parceria**. São Paulo: Ed. Loyola, 1991.

GRAMSCI, Antonio. **Concepção Dialética da História**. 3a. Ed. Rio de Janeiro: Civilização Brasileira, 1978.

— **Os Intelectuais e a Organização da Cultura**. Rio de Janeiro: Civilização Brasileira, 1979.

HEGEL (**Os Pensadores**). São Paulo: Abril Cultural, 1980.

JANTSCH, Ari Paulo & BIANCHETTI, Lucídio. **Imanência, História e Interdisciplinaridade**. Trabalho apresentado na 16ª Reunião Anual da ANPED. Caxambu - M.G. 1993 e publicado pela **Revista Reflexão e Ação**. Santa Cruz do Sul: UNISC, v.2, nº 1, jul. 1994.

— **Interdisciplinaridade. Para além da filosofia do sujeito**. Petrópolis: Vozes, 1995

JAPIASSU, Hilton. **Interdisciplinaridade e Patologia do Saber**. Rio de Janeiro: Imago, 1978.

KOSIK, Karel. **Dialética do Concreto**. Rio de Janeiro: Paz e Terra., 1969.

KRAMER, Sonia. **Sobre Pedras e Tortas de Amoras** - pensando a educação do professor alfabetizador. In: **Cadernos ANPED**,

Porto Alegre: n° 5, 1993, p. 217 a 258.

LURIA, A. R. **Curso de Psicologia Geral**. Rio de Janeiro: Civilização Brasileira, 1979, vol. IV.

PESSANHA, José Américo. Filosofia e Modernidade: racionalidade, imaginação e ética. In: **Cadernos da ANPED**. Porto Alegre, UFRGS: n° 4, 1993, P.7 A 36.

SAVIANI, Dermeval. **Educação: do senso comum à consciência filosófica**. 5a. Ed. São Paulo: Cortez/Autores Associados, 1985.

SCHAEFER, Sérgio. **A Escrita e a Superação do Senso Comum** (texto publicado na presente coletânea).

SCHAEFER, Sérgio, JANTSCH, Ari Paulo. **O Conhecimento Popular**. Petrópolis: Vozes, 1995.

UNESCO. **Congresso sobre interdisciplinaridade**. NICE, França, 1969.

WARDE, Miriam Jorge. História e Modernidade ou de Como Tudo Parece em Construção e já é Ruína. IN: **Cadernos da ANPED**, Porto Alegre: n° 4, 1993, p. 37 a 64.

Ari Paulo Jantsch
Graduado em Filosofia (FAFIMC - Viamão - RS)
Mestrado em Educação - Área de Concentração: Planejamento Educacional (UFRGS - Porto Alegre).
Doutorando em Educação (UNIMEP - Piracicaba - SP).
Professor no Centro de Ciências da Educação da Universidade Federal de Santa Catarina - UFSC.
Livros publicados:
1) *O Conhecimento Popular* (em co-autoria com Sérgio Schaefer). Santa Cruz do Sul, Livraria e Editora da UNISC, 1993. A mesma obra foi publicada, com algumas alterações, pela Editora Vozes (Petrópolis - RJ), 1995.
2) *Interdisciplinaridade: para além da Filosofia do Sujeito* (coordenação de coletânea, juntamente com Lucídio Bianchetti. Petrópolis: Vozes, 1995).

A ESCRITA E A SUPERAÇÃO DO SENSO COMUM

Sérgio Schaefer[1]

Neste trabalho queremos enfocar algumas questões que de modo algum estão claras a respeito da relação entre escrita e superação do senso comum.

Podemos admitir, como ponto de partida, que existe uma situação cognitiva denominada senso comum. Se repassarmos o que já se disse direta ou indiretamente sobre essa situação cognitiva, constataremos uma diversidade muito grande de tentativas de caracterização. De fato, elas são históricas e isso significa que as tentativas feitas se integram em determinados momentos da processualidade de um povo, de uma sociedade ou comunidade, de um contexto específico de racionalidade, de dimensões políticas, econômicas ou culturais próprias, são produtos de intérpretes singulares, etc. Sendo assim, é preciso inicialmente fazer um repasse, mesmo que breve e provisório, sobre algumas caracterizações tentadas em torno do assunto. Essa será nossa primeira tarefa. Por meio dela, queremos mostrar pelo menos uma coisa: o senso comum é um tema complexo e não pode ser tratado de saída como marginal, desinteressante, inferior, sem maiores conseqüências para a teoria e a prática da superação.

Em segundo lugar, trataremos de fazer considerações sobre a escrita. Conforme certos autores, entre eles Paulo Freire, a prática da escrita, o aprender a escrever como ato cultural ou como ato de criação de cultura ou, no mínimo, de integração à cultura existente, é elemento essencial no processo de superação do senso comum, de modo especial da população oprimida numa dada

---

[1] Professor do Departamento de Ciências Humanas da UNISC (Santa Cruz do Sul, R.S.)

sociedade. Tomando como referência o método de alfabetização de adultos de Paulo Freire, tal como é apresentado no seu livro **Educação como prática da liberdade**, procuraremos pôr em evidência algumas questões da escrita que a dinâmica do método aplicado nos "círculos de cultura" propõe à nossa observação, quando esta última ultrapassa os fatos físicos de ler e de escrever e se concentra nos fatos sígnicos.

Nossa terceira tarefa, por fim, será reunir os diversos problemas levantados no correr da discussão e, a partir dessa reunião, destacar as questões que poderiam trazer clareza maior a respeito da relação entre escrita e superação do senso comum.

Apesar de no texto aparecerem os elementos principais para a significação do conceito de superação, de vez que se apresenta como um dos conceitos animadores do nosso trabalho, mesmo assim pensamos ser oportuno deixar dito que não entendemos a superação como eliminação. A eliminação não supera, pelo contrário produz novo objeto para ser eliminado. Essa foi, se quisermos um exemplo, a prática dos "socialismos reais". O significado de superação aceito por nós se aproxima antes da **Aufhebung** hegeliana que da proposta de Marx de eliminação da classe burguesa pela "classe universal" proletária (Schaefer, 1995:163-178). Fatos culturais, tais como a escrita e o senso comum, essencialmente sígnicos, são superáveis e não elimináveis.

O senso comum

Começaremos dizendo que o tema do senso comum, quando abordado ou de modo explícito ou implícito, quase sempre o foi da perspectiva do indivíduo adulto. De fato, só em épocas recentes, de modo especial neste século, a criança recebeu uma atenção particular e foi analisada com mais seriedade nas ciências humanas, seja pela psicologia, pela sociologia, psicanálise, pedagogia e outras áreas. Considerável avanço foi dado ao assunto pelos estudos e pesquisas de Jean Piaget e seus colaboradores ou seguidores. Apesar disso, a questão do senso comum ainda permanece sendo predominantemente um tema que tem a ver com os adultos. Não teria a criança um senso comum específico, diferente do senso comum adulto? Os dados fornecidos pela epistemologia genética de Piaget, tais como os que caracterizam os dois primeiros estágios de desenvolvimento da inteligência na criança, não poderiam trazer importantes elementos para uma discussão acerca do senso comum infantil? Tem sentido falar em senso comum infantil? Apesar da importância dessas questões, no presente trabalho as deixaremos de lado. Ficaremos numa trilha um tanto conhecida, a do senso comum adulto. Mesmo nela, entretanto, a caminhada não é tão tranqüila quanto poderia num primeiro momento parecer.

Por isso, nessa primeira parte, vamos fazer um repasse por diversas épocas históricas, detendo-nos em alguns autores ou mesmo contextos sócio-culturais, a fim de mostrar a complexidade e a relatividade da situação cognitiva chamada senso comum e da necessidade de deixar esse conceito em aberto, isto é, da necessidade de trazer mais elementos para a constituição de seu significado.

Sófocles, na tragédia **Antígone** (s.d.:75-107), ao dramatizar os conflitos de autoridade provocados pela superposição das "leis arcaicas" ligadas à família patrimonial arcaica com as "leis da pólis", muito mais recentes historicamente e por sua vez ligadas à nova organização social e política da pólis grega, levanta, sem dúvida, mesmo que não explicitamente, a questão do senso comum. Com efeito, vistas de um ângulo, das leis da pólis por exemplo, as fortes tendências dos personagens da tragédia - especialmente Antígone - para acatar a autoridade das leis arcaicas e desobedecer às leis da cidade podem ser tomadas como uma atitude típica de senso comum (tendência arcaísta; predominância do passado sobre o presente). Por outro lado, vistas as coisas do ângulo das leis arcaicas ou leis familiares arcaicas, pode-se dizer que os personagens - como Creonte - que insistem na obediência às leis da pólis em contraposição às leis arcaicas são também configurativos de senso comum (nesse caso, negação simples do passado).

Mas não é essa a principal mensagem que Sófocles quer transmitir na sua tragédia, isto é, não quer tão-somente contrapor duas situações conflitantes e deixar que os espectadores do seu teatro escolham uma delas, excluindo a outra. Antígone, obediente à lei familiar, enterra seu irmão Polícine; por tê-lo feito, desobedece à lei da pólis que ordenava não sepultá-lo, e quem o fizesse seria por sua vez morto; em vista disso, Antígone morre por força da autoridade da lei da pólis. Percebe-se bem que Sófocles termina por fazer vencer as duas leis: Antígone enterra seu irmão, como determinava a lei arcaica; e é morta, como determinava a lei da pólis. Com esse desfecho há uma espécie de conciliação entre os dois mundos éticos em conflito, configurando um novo mundo ético, ou, como diz Hegel na **Fenomenologia do Espírito** (1992:11-35), surge o "estado de direito", novo ponto de equilibração, superação da dualidade conflitante. (Cf. Cirne Lima, C.R., 1989:26-28; Morral, J.B., 1981:15)

Dentro dos marcos da tragédia **Antígone** podemos concluir que Sófocles apresenta como sendo senso comum tanto o partidarismo exclusivo em favor da lei arcaica quanto o partidarismo exclusivo em favor da lei da pólis. A solução da situação de senso comum, conforme se depreende da própria tragédia, será a conciliação de ambas as estruturas éticas numa nova e diferente estrutura, nem só arcaica nem só da pólis.

Assinalemos desde logo que a situação de senso comum, como destacada acima, restringe-se à dimensão ético-política, exatamente aquele campo do saber prático, ou da razão prática, diante do qual, um século depois do dramaturgo Sófocles, um filósofo como Aristóteles hesita em colocar sob a rigidez de um saber certo e verdadeiro. Tanto a moral quanto a política apresentam verdades preferentemente práticas e certezas por aproximação. O agir nem sempre é assimilável à lógica ou ao pensamento puro. (Domingues, I., 1991:368). O agir tem razões que a razão desconhece. A falta de nitidez lógico-racional do ético-político faz desse, então, a dimensão caracterizadora ou pelo menos fortemente caracterizadora do que poderia ser o senso comum?

O problema real que Aristóteles assim identificava, ao colocar de algum modo o ético e o político à margem do saber verdadeiro e certo, era que o saber não é absoluto ou total. Não há determinação completa de certas coisas e de todas as coisas, nem suficiência lógica que esgote certos objetos através de um **corpus** de proposições silogísticas. Aquilo, pois, que oferece resistência a um saber certo e verdadeiro, o mundo do provável, isto será alocado na esfera da **doxa** ou talvez de uma **semi-doxa**, a esfera das opiniões - o senso comum, enfim.

Entretanto, um objeto resistir ao saber certo e verdadeiro, no interior da teoria aristotélica, é antes de tudo uma resistência ao princípio de não-contradição, ou seja, uma incapacidade lógica, num determinado momento da constituição do saber acerca do objeto, de conseguir distinguir os aspectos necessários a fim de resolver a situação contraditória (Cirne Lima, C.R., s.d.: 4-9). Essa incapacidade lógica, esse apontar as contradições sem no entanto poder resolvê-las, leva o sujeito a nada mais poder falar, emudece-o, incomunica-o com os demais, impossibilita-o de conferir semanticidade essencial aos objetos do saber - esse homem, diz Aristóteles, não é mais do que um vegetal, uma planta (1969:1006 a 16). Essa seria, ao que parece, a situação cognitiva básica do chamado senso comum, e, como vimos acima, estaria ligada às dimensões ética e política ou ao campo da razão prática.

Platão, cuja reflexão filosófica se concretiza antes da aristotélica, mas que é perpassada por similares preocupações de racionalidade, propicia elementos de grande importância e ressonância históricas para uma caracterização da situação cognitiva denominada senso comum. Em sua "doutrina das idéias", Platão distingue dois mundos: o mundo das essências ou das idéias puras, eterno e sempre o mesmo, e o mundo das aparências ou das imagens-cópias, inconstante, inseguro e circunstancial, mas imitação daquele. As idéias são modelo para as segundas, que são cópia das primeiras. As cópias imitam o modelo por semelhança, num processo de busca de fundamentação, no qual a essência-modelo é o fundante e a aparência-cópia, o fundado.

O cerne da doutrina platônica das idéias é uma teoria da representação, e toda teoria da representação conduz à questão central da identidade. O modelo é o referente fixo, idêntico a si mesmo, posto para ser representado, isto é, para ser substituído ou imitado. As substituições ou imitações podem ser infindáveis: a essência-modelo não se desgasta, permanece sempre igual a si mesma. Sua identidade serve de medida ou prova (**métron,** *ratio*) de veracidade às cópias. A verdade está no modelo (no **eidós**, idéia, forma, paradigma); a cópia funda sua verdade no modelo, por aproximação assemelhada, que pode ser maior ou menor, mas que nunca deixa de receber a ação direta do modelo. A doutrina das idéias se apresenta em Platão como **episteme**, ou seja, como ciência, como processo de um saber seguro de sua verdade. O senso comum, por certo, não pode ser incluído nessa proposta epistêmica. Se existe senso comum, deve estar fora desse processo de conhecimento, dessa dinâmica cognitiva, uma vez que a idéia copiada da idéia-modelo já participa, de um modo ou de outro, da busca epistêmica. De fato, não interessa o grau maior ou menor de aproximação assemelhada que a cópia mantém com o modelo. Basta apresentar algum grau de semelhança e já, por essa razão, não pode ser identificada como sendo senso comum. Esse, se existir para Platão - e existe, como veremos - deverá ser um tipo de conhecimento ou situação cognitiva sem semelhança com a idéia-modelo, algo que escapa à sua ação modeladora, que se constitui autonomamente, negando-a.

É no **Sofista** que Platão trata da "ovelha negra" do conhecimento: o simulacro. Existem duas artes, diz Platão: a arte da cópia e a arte do simulacro (1979::236). O sofista possui a segunda, que se caracteriza por difundir falsidades, simulações da verdade existente nas idéias-modelo. A discussão de Platão em torno do simulacro é, a nosso ver, uma discussão sobre o que ele pensa ser o senso comum. O sofista simulador é aquele que não se integra à doutrina das idéias e à teoria da representação. É aquele que foge da ação modeladora das idéias perfeitas, imutáveis e verdadeiras em si, e, assim fazendo, rejeita o fundamento. O simulacro é uma cognição sem fundamento e, portanto, não-fundada, infundada.

Vamos ampliar nossas considerações sobre Platão criticando sua concepção de senso comum. Para tal, busquemos apoio na crítica subversiva (ou reversiva) de Deleuze (1975:259-271). Isso nos dará ocasião para verificar como a caracterização do senso comum pode, na época atual, ser equacionada de forma completamente diversa do que foi na época platônica, e mesmo às avessas.

Deleuze se propõe a resgatar o simulacro, execrado por Platão por não se integrar no seu sistema epistêmico. O resgate deleuzeano, verdadeira "glorificação dos simulacros", é de fato "pensar a diferença nela mesma, sem permanecer no elemento de uma diferença já mediatizada pela representação, isto é, submetida à identidade, à oposição, à analogia, à semelhança" (Machado, 1990:34). Isso significa, em primeiro lugar, que Deleuze não aceita o sistema de cognição submetida proposto por Platão. Num sistema como esse qualquer diferença perde seu direito de autonomia, pois, sendo representação, tem o fundamento fora de si. Ter o fundamento fora de si é, de fato, ter a diferença anulada. Nesse caso, qualquer diferença é mera semelhança. A cópia nunca se aproxima da perfeição do modelo, o representante nunca se iguala ao representado - há diferença, por certo, mas ela é congênita ao sistema, não lhe é estranha, ao contrário, faz o sistema ser o que é. Essa diferença, para Deleuze, não é legítima diferença, o que o leva a classificá-la de "boa cópia", "ícone", diferença bem fundada, dotada de semelhança pela ação identificadora do modelo (Deleuze, op. cit.:262). A boa cópia pode apresentar-se iluminada, mas sua luz lhe advém da idéia-modelo, fonte de toda a luz.

Em segundo lugar, pensar a diferença nela mesma ou glorificar o simulacro significa para Deleuze levar em frente um projeto de abolição das categorias de original e de cópia (Machado, cit..:33,34), o que vem a ser uma proposta de destruição do sistema epistêmico de Platão pela raiz. O simulacro, a "má cópia", o "simulacro-fantasma", a dessemelhança em si mesma (Deleuze, cit.:262) é o mais evidente sinal de que podemos pensar, de que podemos constituir nosso conhecimento sem precisarmos estar atrelados ou submetidos ao esquema da representação. Nosso pensamento independe de modelos pré-estabelecidos, reguladores das "boas cópias" bem comportadas. Deleuze quer a diferença pela diferença e não pela semelhança. Pretende, de fato, defender um pensamento criador e não apenas repetidor.

Vistas as coisas pela perspectiva deleuzeana, podemos afirmar que, agora, senso comum é a situação cognitiva daqueles que aceitam o esquema platônico modelo-cópia, ou melhor, modelo-boa cópia. Não possuir senso comum, ao contrário, agora, é estar do lado do simulacro ou da má cópia ou fora do esquema da representação. É, de fato, como antes dissemos, ver a problemática do senso comum às avessas de como Platão a via.

* * *

O que temos em mãos até aqui a respeito do senso comum? Através de Sófocles, e de passagem Hegel, ficamos sabendo que essa configuração cognitiva tem algo a ver com circunstâncias de tragicidade pessoal, que leva o indivíduo a ter de escolher entre dados conflitantes, uns em relação aos outros contrapostos. Essa tragicidade, no entanto, não é função apenas do plano estritamente pessoal, mas também social. O ato de cada personagem, "ao encontrar o dos outros e, neles socializar-se, fica tragédia" (Cirne Lima, 1989:28). Se o senso comum se constitui através da necessidade de uma escolha, em que o escolhido exclui o não-escolhido, a superação dessa situação, conforme os dois autores, se dá pela dissolução dos limites de cada um dos dados contrapostos e por concomitante produção de nova situação. Se Sófocles deixa ao espectador o trabalho de chegar a essa conclusão, Hegel por seu lado, na **Fenomenologia do Espírito**, é bem explícito quanto a isso.

O que gostaríamos de acentuar neste momento é a conflitividade que acompanha a constituição do senso comum. Não é uma cognição morta, pacífica, incolor, fruto de indolência intelectual, espécie de torpor nebuloso ou algo no gênero. O senso comum se define pela necessidade de uma escolha, o que institui o dilema, o conflito e o passo em frente que é o ato de escolher ou isto ou aquilo. Feita a escolha, constituiu-se o senso comum. O conflito não desaparece, ao contrário é ele que dá vida ao processo - na linguagem dramatúrgica de Sófocles ele caracteriza o trágico (trágico, lembremo-nos, porque o conflito se socializou). A superação do conflito, ou do senso comum, será novo passo em frente - na linguagem filosófica de Hegel, o conflito deverá se desenvolver para ser superado. O desenvolvimento do conflito, ou do senso comum, e sua superação, será a vitória conjunta daquilo que se contrapunha. O resultado será uma ida ao fundamento de ambos os dados contrapostos (**zu Grunde gehen**) através de mútua dissolução (**zugrunde gehen**), quer dizer, da dissolução da autonomia (**Selbständigkeit**) dos termos em contrariedade (Hegel, 1986:67; 1976:72-73; Rosenfield, 1983:18).

A interpretação do senso comum que nos possibilitam Sófocles e Hegel está longe daquelas que comumente conhecemos. O senso comum é determinado pela escolha, com repercussões não apenas no plano individual, mas principalmente no ético-político, ou seja, no plano social. Quando Hegel, na Fenomenologia do Espírito (ou na Filosofia do Direito), fala em eticidade, é a isso que se refere. O senso comum, como conflitualidade ou dualidade contraposta individual-social, está marcado pela tensão, não pela passividade, como normalmente se pensa.

Já o esforço lógico de sair da contradição, proposto por Aristóteles (e na atualidade pela filosofia analítica em geral, seja por exemplo em Strawson ou em Tugendhat), outra coisa não seria que a tentativa de resolver pela via formal de "determinações ulteriores" o conflito do ilógico: é impossível o mesmo convir e, ao mesmo tempo e sob o mesmo aspecto, não convir ao mesmo (Aristóteles, p.1005 b 19; Strawson, 1952). O senso comum, nesse caso, é a impossibilidade de distinguir aspectos contrapostos (ou contrários) numa mesma coisa; quer dizer, incapacidade de escolher. Vemos assim que, para Aristóteles, o senso comum também supõe a existência de um conflito. Mas, diferentemente da posição anterior, desta vez o conflito ocorre por não se poder escolher, não se saber escolher e até por não se querer escolher. Uma vez definida a escolha (isto é, respeitado o princípio de não-contradição), cessa o conflito (reduzido aqui, em última instância, como podemos perceber, a um conflito lógico-semântico), e, com isso, o senso comum.

A diferença fundamental reside, pois, na questão da escolha: no contexto teórico-explicativo de Sófocles/Hegel, a escolha feita gera o senso comum; no aristotélico/analítico é a escolha não-feita que o gera. Nisso, não devemos ver um jogo de palavras tão-somente. As escolhas ou não-escolhas, nos dois contextos que estamos enfocando, têm vinculação com o ético-político - mesmo que em Aristóteles essa dimensão tenda a perder-se em considerações lógico-semânticas. Sabemos, por experiência histórica, que o agir ético-político não se esgota no exercício lógico-semântico. A filosofia grega em geral sempre se debateu com esse problema. Hegel vê nisso uma deficiência do saber, uma nicht-ratio, e procurará resolvê-la através da dinâmica lógica da Aufhebung. Assim fazendo, ele pretende introduzir no filosofar a pretensão do saber absoluto: a saída para tal - para o saber total - está em logicizar o ético-político e, por extensão, o estético, o religioso, enfim, a contingência humana e sua dimensão histórica. As conseqüências dessa postura levam ao que se pretende dizer com a expressão "fim da história", não no sentido de que a história tenha chegado ao seu fim e sim no de que a logicização da história permite esgotar o seu significado. O quanto essa pretensão hegeliana está presente em Marx é por todos conhecido. (Castoriadis, 1982:19-87).

Se Aristóteles, apesar de se preocupar em montar um modelo lógico rigoroso, mantém uma atitude cautelosa e por vezes condescendente frente ao senso comum; se a solução dessa situação cognitiva é por ele encaminhada para uma "instrução aberta", no dizer de Tugendhat (1983:54), isto é, para as ulteriores determinações fundadas na autoridade incontestável do princípio de não-contradição; se Hegel encontra meios lógicos de justificar o senso comum e elevá-lo como dualidade conflituosa a um momento necessário no processo de superação, Platão, de sua parte, mostra uma desesperadora impotência diante do tema.

Com efeito, o sofista, produtor de simulacros, o homem do senso comum por excelência, é excluído duramente do sistema epistêmico platônico. Não há lugar para ele dentro da dinâmica modelo-cópia, uma vez que ele não respeita nem o fundamento nem o fundado, e, por se desassemelhar completamente do modelo, nega tanto este quanto a cópia (Deleuze, op. cit.). A arte do simulacro é uma cognição maldita, espúria, a arte do "saber nada" (Platão, p.268 b-c). Ao se ler o Sofista e vincular sua temática com o senso comum, conforme essa cognição é tomada tradicionalmente, percebe-se o quanto o platonismo influenciou nossa tomada de posição diante da questão. Rubem Alves caracteriza da seguinte forma essa postura: "... a expressão 'senso comum' foi criada por pessoas que se julgam acima do senso comum, como uma forma de se diferenciarem das pessoas que, segundo seu critério, são intelectualmente inferiores" (1983:13). Em que pese a pouca virulência dessa apresentação, se comparada com a argumentação carregada de desprezo do **Sofista**, ela sem dúvida mostra o parentesco, isto é, o modo platônico que interiorizamos para definir normalmente o senso comum. Vejamos como.

Julgar-se acima do senso comum é, na versão platônica, pertencer ao círculo da **episteme**, ou seja, buscar cada vez maior aproximação com o modelo posto de uma vez por todas. O jogo de aproximação por semelhança, em seu afã por identificação, garante a pertença à verdade. A diferenciação, em Platão, ocorre entre o simulacro e o modelo e não entre este e a cópia ou a boa cópia ou, ainda, a cópia submissa. A diferença entre modelo-cópia, entretanto, é anulada pela semelhança devido ao mecanismo da representação. O senso comum, todavia, em Platão, não é inferior à cognição daqueles que se movimentam no círculo da **episteme**, de vez que algo é inferior em contraste com algo superior, o que sempre poderia ser incluído na teoria da representação e, pois, no círculo epistêmico da doutrina das idéias. O senso comum, o simulacro, no platonismo, não é inferior, mas colocado fora do jogo. O sofista não tem lugar na academia platônica, nem na sua república.

O platonismo se constrói sobre a dicotomia conhecimento/não-conhecimento. No âmbito do conhecimento, a cópia da idéia, apesar de não ser a idéia em si, guarda com essa uma relação de semelhança, o que lhe garante **ipso facto** o privilégio de pertencer ao círculo daqueles que buscam a verdade. O não-conhecimento é o mundo dos simulacros, da falsidade, da independência em relação ao mundo das idéias verdadeiras.

Como pensar a questão da escolha no círculo platônico? Parece certo concluir que o pertencimento ao esquema modelo-cópia anula a escolha. O ato de aproximação por semelhança não é ato de legítima escolha, porém de submissão ao modelo veraz

(Giannotti, 1983:59-68). Uma vez dentro do círculo da verdade não se escolhe mais a verdade; ela se impõe. A única real possibilidade de escolha fica sendo o salto para fora do círculo. E é isso que faz o sofista, o artesão dos simulacros. Por isso, se o produtor de simulacros é o homem do senso comum, é ele também o homem da escolha. Nesse caso, definir-se pelo senso comum seria uma ação de escolher determinada cognição, a saber, uma cognição desreferencializada a um modelo veraz por antecipação. Percebe-se bem o quanto essa visão de coisas subverte o próprio conceito que temos de senso comum. Deleuze, de um modo particular, insiste na necessidade dessa subversão.

* * *

Voltemos nossa análise agora para Gramsci. O que pode ser o senso comum para esse autor? Tem-se, de entrada, a impressão que o tratamento desse tema, em Gramsci, não exige de nossa parte a quebra de padrões que é exigida na análise do mesmo tema, por exemplo, em Platão ou em Hegel. Isso, talvez, porque as reflexões gramscianas - possivelmente integráveis nos dois grandes campos que mobilizam sua obra, o pedagógico e o político, vinculados a um projeto emancipatório em favor de nova ordem social - estão perpassadas pelo estudo do senso comum (Cf., especialmente, Gramsci, 1975).

Visto de perto, porém, o assunto torna-se mais complexo. Não iremos, neste momento, desenvolvê-lo em toda a sua complexidade e riqueza. O que podemos fazer, e faremos, é abrir uma perspectiva para equacioná-lo com maior clareza.

Gramsci ataca o tema do senso comum em várias frentes. O senso comum "conselhista", como vamos chamá-lo, é um tipo de cognição que vê a fábrica como o "território nacional" da classe operária. Isso significa que, nessa cognição, a questão da dirigência da sociedade é restringida ao controle da produção econômica. Os conselhistas não vêem que a dirigência deve também abranger todos aqueles que, de uma forma ou outra, se opõem ao capitalismo; e isso não se fará apenas pelo controle da produção, mas por uma direção político-cultural (Coutinho, 1989:36).

O senso comum "corporativista" caracteriza a parcela do proletariado que defende apenas seus interesses imediatos, de grupo ou de categoria, sem assumir o caráter de classe nacional, canalizadora de todas as reivindicações das diversas camadas trabalhadoras, urbanas e rurais (Id., ibid.:38-39).

O senso comum "transformista" se apresenta em grupos, partidos, movimentos organizados, ou facções deles, que permitem a neutralização de sua radicalidade pelo bloco dominante através de um processo de cooptação (que Gramsci classifica de "revolução passiva") (Id., ibid.:37).

Outro tipo, de grande novidade na teoria gramsciana, o senso comum "bolchevizado", é aquele que acredita no transplante puro e simples de estratégias e táticas revolucionárias dos bolcheviques russos, que são "orientais", para o contexto "ocidental". Nesse último, diz Gramsci, o processo revolucionário deve ser conduzido com mais lentidão e prudência, com outra "paixão", animado por uma "guerra de posições", cujo foco central é a questão da hegemonia (Id., ibid.:36).

O senso comum de "comunismo de guerra" (que assim chamamos em lembrança ao período político e social ocorrido na Rússia entre 1918-1921) está constituído, para Gramsci, como uma cognição que vê o fundamento do poder na coerção e na violência e não na direção ou consenso (ou seja, na dominação com hegemonia) (Id., ibid.:40).

Não vamos prosseguir com esse exercício de possível tipologização do senso comum na obra gramsciana. O que quisemos mostrar com ele é tão-somente a potencialidade que essa obra contém com relação ao tema, quando analisada além das referências pré-estabelecidas que temos a respeito do conceito de senso comum. Com efeito, vê-se logo que Gramsci não trabalha esse conceito apenas no âmbito do pensamento folclorizado, da religião dos simples, da literatura de massas, do analfabetismo, das manifestações classificadas normalmente como populares etc., mas procura examiná-lo no interior de um processo político concreto (no seu caso, a Itália e, por extensão, o "ocidente") (Schaefer e Jantsch, 1995:21). É o processo político "ocidental" que preocupa Gramsci. Quer encontrar uma saída "ocidental" para a mudança social. Por isso suas análises do senso comum estão sempre integradas com a reflexão política - e vimos acima alguns exemplos dessa integração.

Isso não significa, é claro, que não se possa tentar, a partir desse autor, um trabalho de caracterização do senso comum por meio de "traços cognitivos" genéricos, tais como: a ambigüidade, a heterogeneidade, a fragmentariedade, a imediaticidade, a acriticidade, a dogmaticidade. Foi o que procuramos fazer em trabalho anterior (Schaefer e Jantsch, op. cit.). Essas tentativas, no entanto, não podem perder de vista o político, e, no caso de Gramsci, o político-pedagógico, uma vez que as duas dimensões se implicam no seu pensamento.

Os traços cognitivos acima elencados podem ser vinculados com as situações políticas discutidas por Gramsci. Os conselhistas fragmentam a ação político-econômica, pensando que ações de tipo econômico por si só garantem a dirigência da sociedade. Os corporativistas são imediatistas e acríticos. Os bolchevistas caracterizam-se pela heterogeneidade e dogmaticidade. Os "comunistas de guerra" pela dogmaticidade e imediaticidade.

Não podemos neste momento desenvolver em detalhes a configuração complexa dos traços cognitivos indicativos de senso comum. Basta-nos, por agora, e para ficar nos limites a que nos propusemos desde o início dessa abordagem, assinalar que existe em Gramsci uma relação direta da cognição chamada senso comum com o político. Há, assim parece, um definido ato de escolha por um traço - o senso comum bolchevista, para ficar num exemplo, escolhe a estratégia "oriental" dos revolucionários russos. Ora, aqui surge um problema, que é, diga-se, o problema propriamente gramsciano com relação a análises do senso comum. Se o bolchevista escolhe, deveria fazê-lo em contraste com outra opção possível, que, como sabemos pelo próprio Gramsci, seria a estratégia "ocidental". Mas não há esse ato de escolha, pois o bolchevista já nos é apresentado, por definição, como aquele que segue a estratégia "oriental" por si mesma e não por contraste. Quem oferece a alternativa é Gramsci; o bolchevista nada sabe a respeito da estratégia "ocidental". Sendo assim, em Gramsci o senso comum não se dá por um ato de escolha, mas por impossibilidade de fazê-lo, já que inexiste o contraste. Por outro lado, parece correto dizer que Gramsci quer ver modificada essa situação: ao propor o contraste (estratégia oriental / estratégia ocidental), estaria querendo dar novo estatuto ao senso comum; essa configuração cognitiva deveria ser integrada ao ato de escolha, o que, então, a colocaria no âmbito propriamente dito do político e/ou pedagógico-político.

* * *

Se assim for, e se, no repasse histórico feito, nossa tentativa de compreensão do senso comum não tiver sido desfigurativa, podemos concluir que um dos ângulos pelos quais essa situação cognitiva deverá ser analisada é o da escolha. Foi esse o aspecto em torno do qual insistimos, tanto em Sófocles, Hegel, Aristóteles, Platão, Deleuze e, por fim, em Gramsci.

Chegados, pois, a um conceito de senso comum, mesmo que aproximativo, entremos agora na análise da escrita. Sua finalidade será reunir alguns elementos básicos para, numa terceira parte, concentrarmos a análise, mesmo que de forma resumida, nas possíveis contribuições da escrita para a superação do senso comum.

A escrita

Que a escrita seja secundária em relação à fala, parece ser de aceitação pacífica entre os lingüistas. "Todos os sistemas de transcrição escrita estão fundados na fala, em relação à qual são secundários" (Lopes, 1976:33). Saussure afirma que *"l'unique raison d'être"* da escrita reside no fato *"de représenter"* a fala. *"L'objet linguistique n'est pas définir par la combinaison du mot écrit et du mot parlé; ce dernier constitue à lui seul cet objet"* (o objeto lingüístico não se define pela combinação da palavra escrita e da palavra falada; só essa última constitui tal objeto) (Saussure, 1962:45).

Isso já nos coloca um primeiro problema: tratar da escrita é tratar do representante e não do representado. A fala é primeira em relação à escrita, que é segunda. A secundariedade da escrita, defendida como posição correta na ciência lingüística, é-nos apresentada como significando "de menor importância", "inferior", "inessencial", dispensável em termos de análise científica. À escrita, relegada a segundo plano, espécie de parente distante e inexpressivo, e que não goza nem pode gozar dos privilégios da fala, é no entanto permitido représenter, isto é, estar em lugar da fala, que por sua vez está em lugar dos conceitos, que por sua vez estão em lugar dos objetos reais do mundo exterior. Nessa cadeia de representações, a escrita aparece em último lugar como representante do representante do representante. Representação em terceiro grau, ela parece não ter mais muito a significar. A atitude da Lingüística, então, resume-se a vê-la antes como um incômodo, uma pedra no caminho a que só se presta atenção porque faz tropeçar.

Se, todavia, a expressão escrita da língua for analisada no interior daquilo que pode ser considerado o processo fundador de qualquer língua, a saber, o processo de constituição sígnica, por certo ela poderá ser vista de modo novo e diferente, pelo menos não mais como algo secundário no sentido de dispensável para a compreensão do fenômeno cultural lingüístico.

Sabemos que a língua se expressou primeiramente pela fala e apenas bem mais tarde pela escrita. Tem-se às vezes a impressão de que são esses fatos culturais que servem de base para colocar a escrita no papel de representante da fala. Entretanto, o distanciamento histórico entre dois fatos não confere, por si só, o papel de representante ao fato surgido posteriormente. Se assim fosse, poderíamos dizer que a Revolução Francesa representa a Revolução Gloriosa, ou que, na história brasileira, o Golpe de 64 representa o Golpe de Getúlio Vargas, de 1937. Evidentemente, não é esse o caminho a seguir.

Tudo indica que a discussão deva dirigir-se para outro plano. Vejamos como. O processo sígnico se configura, por um lado, por estar vinculado aos conceitos de tempo, de espaço, de movimento, de som e de linha; por outro lado, sua dinâmica tem a ver com os demais sistemas conceituais construídos pelos indivíduos, conceituações essas que não apresentam apenas a marca pessoal mas também social. A palavra falada, a **parole**, estrutura-se basicamente pelo tempo e pelo som: emissão sucessiva e ordenada de unidades fonêmicas que passam e existem enquanto duram. Daí provir a impressão (real) de efemeridade da palavra falada com relação à palavra escrita (Langacker, 1972:66). Essa última, por estar impressa em algum lugar, isto é, por ter-se estruturado em relações espaciais e, portanto, por ter-se tornado um objeto de durabilidade diferente daquela presente na palavra falada, dá-nos a impressão (real) de permanência. Se a palavra escrita nos parece estar em repouso é porque se integra a um sistema referencial que não muda. A permanência não é em primeiro lugar a da palavra escrita e sim a do sistema referencial. E esse é espaço-temporal. Por que espaço-temporal? Por que introduzir o tempo num assunto que parece ter a ver com o espaço somente? A permanência da palavra escrita enquanto escrita é, de fato, durabilidade de relações espaciais. Essa duração, como já assinalamos acima, é diferente da duração da palavra falada enquanto falada, que dura enquanto passa, como o fogo-fátuo ou como o brilho de um relâmpago. O brilho da palavra escrita, se quisermos continuar nessa comparação metafórica, estacionou no tempo, permitindo-nos sua contemplação ou sua visualização por mais tempo. Talvez melhor do que essas metáforas seja aquela de Goethe: *"Die Quelle kann nur gedacht werden, insofern sie fliesst"* (a fonte só pode ser pensada enquanto flui) (Goethe, 1937:292). A palavra escrita é como a fonte que só pode ser pensada como tal, ou seja, como permanência, no constante fluir, isto é, na durabilidade de suas relações.

A palavra escrita, portanto, deve ser pensada num contexto conceitual de espaço-temporalidade (gráfica). Se esse é o ponto de vista correto, não há porque colocá-la em plano secundário com relação à palavra falada, isso se secundário significar, como parece entre muitos lingüistas, a começar por Saussure, menos importante, inferior, algo dispensável na ciência lingüística. Essa ciência deveria pesquisar, junto com outras, por exemplo, com a Psicologia ou a Sociologia, primeiro, as razões de a língua se constituir antes como sucessão ordenada de unidades fonêmicas, quer dizer, como processualidade predominantemente temporal, transformando-se, num momento seguinte, em um processo temporal-espacial, expresso em uma sucessão ordenada de unidades gráficas; e, segundo, as razões da processualidade predominantemente temporal ter primazia sobre a processualidade espaço-temporal. Não vamos aqui entrar nessa discussão genética. Por certo Piaget pode fornecer elementos importantes para tal estudo (Piaget, 1975 a e b).

Vista como espaço-temporalidade, a palavra escrita não se desvincula da palavra falada. A palavra escrita é, de fato, a palavra falada com outra durabilidade. Essa visão de coisas leva-nos a repensar o esquema proposto por Saussure para o signo. Segundo esse autor, o signo é a unidade transicional entre um significante e um significado, sendo o primeiro uma "imagem acústica" psíquica/mental e o segundo um conceito.

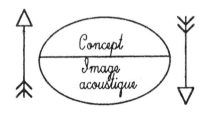

(Extraído de Saussure, 1962:99)

Apresentado dessa forma o processo de constituição sígnica, deixa-se naturalmente de lado uma visão mais completa do mesmo, que, como vimos, não se constitui sem a dimensão temporal e sonora (no caso da fala) e a dimensão espaço-temporal gráfica (no caso da escrita). Sendo assim, repensar o esquema saussureano de signo deve levar-nos a nele integrar espaço, tempo, som e linha, conceituações essenciais na sua constituição. O movimento, por sua parte, é conseqüência: a possibilidade de sucessividade fonêmica fugaz da palavra falada e/ou a possibilidade de sucessividade duradoura da palavra escrita implicam, ambas, o movimento. O esquema saussureano complexifica-se, pois, e pode ser reformulado da seguinte maneira:

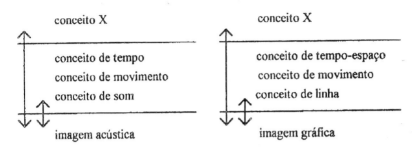

ESQUEMA 1 - Situação de fala   ESQUEMA 2 - Situação de escrita

O Esquema 1 mostra a interrelação entre o significante (imagem acústica) e os significados, numa situação de fala. Agora, entra em jogo não apenas o conceito de algo (conceito X) que é evocado pelo significante, mas também os conceitos de tempo, movimento e som. Esses últimos também são processados numa situação sígnica de fala. O remetimento da unidade lexical falada, por exemplo /'kaza/, não se dá diretamente da imagem acústica ou do significante para o conceito que temos de **casa**. Há um processamento intermediário que passa pelas conceituações de tempo, movimento e som. Na reformulação feita, como se vê, a noção de significado se amplia e se complexifica.

Na situação de escrita, mostrada no Esquema 2, o significante, agora imagem gráfica por se tratar de situação diferente da falada, coloca em processamento os conceitos de tempo-espaço, de movimento e de linha como intermediação para chegar ao conceito específico a ser evocado, por exemplo, **casa**.

Se quisermos esquematizar uma situação de escrita-fala, quando alguém escreve falando ou lê algo escrito, poderemos fazê-lo como segue:

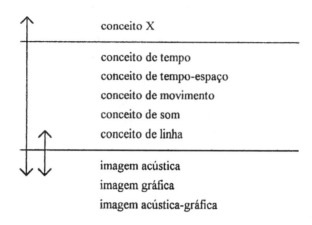

ESQUEMA 3 - Situação de escrita-fala

O que temos visto até aqui acerca do processo sígnico - que não esgota a questão, pelo contrário a requestiona - fornecer-nos-á, assim pensamos, importantes elementos para a análise do método de alfabetização de adultos desenvolvido nos "círculos de cultura" de Paulo Freire, a que procederemos logo em seguida. Convém lembrar que o objetivo geral do presente trabalho é o de procurar verificar a possível contribuição da escrita para a superação do senso comum. Nada melhor que tomar uma experiência concreta para fazer essa verificação.

* * *

Paulo Freire, no livro **Educação como prática da liberdade**, quando põe-se a falar mais de perto do método de alfabetização de adultos e dos passos essenciais do mesmo (Freire, 1967:101-150), revela-se extremamente parcimonioso com relação aos fatos propriamente semióticos produzidos na prática do método. As poucas observações mais próximas do assunto provêm de Jarbas Maciel, citado por Freire (op. cit.:114), e que, apesar de importantes, não são aprofundadas. Essa parcimônia pode, talvez, ser justificada pelo momento crítico por que passava o autor na época em que escreveu o livro (1965). Pode também, talvez, ser explicada pela empiricidade com que o método foi aplicado; isto é, bastava o método aplicado produzir certos resultados esperados (por exemplo, uma consciência crítica ou semicrítica) para explicar sua excelência. Seja o que for, não nos cabe aqui resolver essas questões, que, inclusive, não são relevantes para o nosso tema em si. É claro que, não tendo em mãos informações mais precisas, podemos nos equivocar quanto ao que P. Freire e seus colaboradores desejaram fazer e efetivamente conseguiram em termos de teorização semiótico-lingüística.

Não vamos, por outra parte, proceder a um levantamento na obra posterior do autor para nela descobrir possíveis esclarecimentos dados por ele sobre essa questão. Não é esse o objetivo principal de nosso trabalho. Tomaremos a primeira experiência de P. Freire como uma "experiência acontecida", isto é, que se desenvolveu com tais e tais características concretas e produziu tais e tais resultados concretos. Em outras palavras, nossa posição diante da atividade dos "círculos de cultura" de P. Freire e colaboradores, desenvolvida de modo particular no período compreendido entre 1960 e 1964, pode ser expressa através da seguinte hipótese: se o indivíduo analfabeto (isto é, imerso numa determinada "consciência ingênua" ou "intransitiva" ou senso comum), ao passar pela ação dos círculos de cultura, emergiu para outra consciência (a "consciência crítica" ou "politizada"), devem ter ocorrido mudanças no processamento sígnico de tal indivíduo. Diante disso, cabe procurar respostas a: 1) o que deve ter ocorrido; 2) e, no caso específico deste trabalho, qual o papel desmpenhado pela palavra escrita nas ocorrências havidas.

Feitas essas considerações, passemos à análise propriamente dita, que se desdobrará através de duas abordagens: a fala como base lingüística do método; a escrita como complemento cultural da fala.

Não há dúvidas quanto à preponderância da palavra falada no método de alfabetização de adultos proposto por Paulo Freire. Esse aspecto é acentuado com ênfase, entre outros, por

Carlos R. Brandão (1981), um dos conhecidos comentaristas do método. O método se estrutura e se desenrola pela fala. Isso se evidencia tanto no momento do "levantamento do universo vocabular" (que vai propiciar a posterior seleção das "palavras geradoras") quanto no momento "mais importante", segundo P. Freire (op. cit.:118), o da "ficha da descoberta" (quando, após a partição da palavra geradora em sílabas e essas, por sua vez, reconstruídas com os cinco fonemas vocálicos e formadores, assim, das "famílias fonêmicas", passa-se às combinações e à formação de palavras novas). (Um dado matemático, como curiosidade apenas: com as 15 sílabas das famílias fonêmicas provenientes da palavra "tijolo", é possível formar um impressionante número de arranjos inter-silábicos - não de combinações).

É claro que a fala deverá ser o ponto de partida do círculo de cultura, uma vez que os indivíduos atingidos não são nem escritores e nem leitores da língua, e tão-somente falantes, isto é, portadores de uma definida competência (**competence**) e atuação (**performance**) da língua (falada). Quanto a isso, nenhuma novidade. O que se poderia começar a questionar é se o método, na sua dinâmica global, teria levado em conta aqueles aspectos conceituais por nós antes mencionados a respeito do processo sígnico, a saber, os conceitos de tempo, de movimento e de som, como co-constitutivos desse processo, e não só as imagens acústicas e os conceitos particularmente evocados pela emissão das unidades lexicais (ver Esquema 1). Parece que no momento do levantamento do universo vocabular isso não é levado em conta e, mesmo, nem é preciso ser levado em conta, de vez que esse momento tem por meta fixar "os vocábulos mais carregados de sentido existencial e, por isso, de maior conteúdo emocional", e "os falares típicos do povo. "Esse momento revela" anseios, frustrações, descrenças, esperanças também, ímpeto de participação, como igualmente certos momentos altamente estéticos da linguagem do povo." (Freire, op. cit.:112).

Quer dizer, o método parece reservar para momento posterior o trabalho daqueles aspectos co-constitutivos do processo sígnico. Esse surgirá na terceira fase, após ter-se feito a seleção das palavras geradoras. Nessa terceira fase acontece o debate, a descodificação, a análise de "situações existenciais", de problemas que de uma forma ou outra afetam ou podem afetar os indivíduos participantes do círculo de cultura. Essas discussões nascem das palavras geradoras, colocadas em contextos codificados (por exemplo, a palavra "tijolo" "em situação" de uma casa sendo construída). (Freire, op. cit.:114; 116)

O que essa fase do método faz acontecer no processo sígnico dos participantes da discussão e que esteja relacionado com aqueles conceitos intermediários - o som, o tempo e o movimento -, normalmente não levados em consideração?

Tomemos a palavra "favela" (Freire, op. cit.:145). Ao colocar em discussão essa palavra - que é significante e significado, **image acoustique** e **concept**, se olhada em si, como unidade lexical - o círculo de cultura amplia-lhe o significado, procurando torná-lo crítico. Ou seja, o debate entra no problema "da habitação, da alimentação, do vestuário, da saúde, da educação" etc. Com essa ampliação de significado, a palavra "favela" já não pode mais sustentar-se no reduzido campo fonêmico do significante que lhe cabe por direito lingüístico. Deve haver, essa é nossa hipótese, uma modificação nos conceitos de som, e conseqüentemente nos de tempo e movimento, a fim de que o significado ampliado possa se manter como tal na mente do indivíduo agora tornada "crítica". A palavra "favela", uma vez alargada no seu significado, ao ser enunciada remete para os conceitos de habitação, saúde, vestimenta, alimentação etc. Nesse sentido, podemos dizer que o significante se alargou e, com ele, os conceitos que o ajudaram a se alargar: o som, o tempo e o movimento. Por outro lado, deve-se supor que o anterior significante, aquele relacionado à especificidade da palavra "favela", continua a ter existência facilmente identificadora.

Numa situação pós-debate nos círculos de cultura, caso o indivíduo tivesse se tornado "crítico" ou "politizado", ter-se-ia provocado no mesmo um reprocessamento sígnico. Esse, como acabamos de dizer, afeta o significante com vistas a permitir que o significado seja afetado; e afeta o significado para permitir que o significante o seja. Como se vê, uma ação semiótica recíproca. As palavras, depois de passarem por ações desse tipo, já não são as mesmas, nem no seu significado - o que se aceita mais facilmente - e nem no seu significante - processo de modificação ainda não bem compreendido, e quase sempre deixado de lado por parecer desimportante, e que nós, aqui, procuramos problematizar e pôr em evidência.

E será com os significados e significantes assim ampliados que o indivíduo terá acesso à alfabetização do ler e do escrever. É preciso acrescentar que a ampliação do significado-significante, que acima vimos referida à fase três do método, é precedida por uma discussão a respeito do "conceito antropológico de cultura" (Freire, op. cit.:108-110; 123-143). A cultura é analisada como um fato de acrescentamento de algo pelo homem à natureza, através do trabalho e de um esforço de criação e recriação. Podemos, pois, afirmar que os debates em torno da cultura também cumprem um papel específico no reprocessamento sígnico, contribuindo para o que chamamos de ampliação do significado-significante.

Assim encaminhado, reprocessado signicamente, o indivíduo analfabeto passará da palavra falada à palavra escrita.

* * *

Se Paulo Freire é parcimonioso no que toca aos elementos internos do processo sígnico falado, é totalmente silencioso no que se refere ao processo sígnico em sua relação com a escrita. Quando trata dessa, resume-se a afirmações genéricas, sem maiores esclarecimentos acerca do que ocorre ou pode ocorrer na ultrapassagem do ato de falar para o ato de escrever (e também ler). Tudo indica que o acento dado por esse autor às ações de escrita e leitura gira em torno delas como sendo ações culturais, isto é, como outros desses acréscimos ou incorporações do homem à natureza. Isso pode, inclusive, levar a se tomar a fala como algo natural, de "natureza natural", sobre a qual teria o homem acrescentado ou criado a escrita e a leitura. Não vamos aqui discutir a que problemas poderia conduzir tal posição. Seja dito apenas que ela pode ser decorrência de uma exagerada valorização do diálogo, forma de comunicação defendida com unhas e dentes por Freire. Esse diálogo, como se depreende do que é dito dele pelo autor, é sobretudo fala. A possibilidade dialógica da escrita - cuja negação é sem sentido - é reduzida pelo método paulofreireano à fala. É essa, em última instância, que se impõe como a forma dialógica por excelência; e, acrescentaríamos, baseados na postura dos círculos de cultura, impõe-se por exclusividade. Encerraremos essa breve incursão no tema do diálogo segundo P. Freire, dizendo que não é natural que o homem fale. Falar é um fato cultural, tanto quanto escrever ou ler. Fatos, portanto, artificiais, relativos, históricos.

Escrever não é falar - precisamos manter essa diferença lingüística. A diferenciação entre ambos está radicada no próprio processo sígnico (cf. Esquema 2). Como vimos, a palavra escrita é a palavra falada com outra durabilidade. A diferente duração de uma e outra tem como base material uma diferença espaço-temporal: o som e a linha, ou o acústico e o gráfico. Desse modo, a palavra escrita se constitui, no processo sígnico, pelos conceitos de tempo-espaço, movimento e linha, o que lhe confere uma diferença no significante, agora imagem gráfica.

Sendo assim, como podemos analisar a aprendizagem da escrita dentro da dinâmica do método paulofreireano? Tudo começa pela apresentação de alguma palavra geradora, quer dizer, pela apresentação escrita dessa palavra, "representação gráfica da expressão oral" (Freire, op. cit.:115). Parece certo que a ultrapassagem da fala para a escrita principia pela fala. Mas é certo também que o método se preocupa em vincular o processo sígnico acústico com o processo sígnico gráfico e isso significa proporcionar um relacionamento entre os conceitos de som e linha, e, claro, entre tempo, espaço e movimento. Por que se pode relacionar som e linha, situações aparentemente tão distantes uma da outra? Pelo fato que ambas se concretizam pela duração ou durabilidade. Se quisermos usar uma expressão problemática do ponto de vista cultural-histórico, de modo especial devido à filosofia (veja-se a teoria da representação de Platão), poderemos dizer que som e linha se assemelham porque ambos duram. A semelhança pela durabilidade permite que se interrelacionem. A aprendizagem da escrita, assim, por uma diferente recomposição na durabilidade da palavra, exige, sem dúvida, uma reorganização conceitual do tempo, do espaço e do movimento.

Se o método do círculo de cultura efetivamente consegue transformar a fala em escrita, naquele momento considerado por Freire como o "mais importante", a saber, aquele denominado de uma forma geral como "ficha da descoberta" (Freire, op. cit.:117-118), então deve conseguir reprocessar a durabilidade da palavra, conforme acima levantamos a hipótese.

O reprocessamento sígnico, quando se trata do ato de ler, apresenta-se, por sua parte, como uma repassagem da durabilidade maior da palavra escrita para a durabilidade menor da palavra falada. Essa repassagem não se dá automaticamente, como aliás tudo o que está marcado por características culturais. Quer dizer, o cultural é cultural porque é construído e reconstruído. Dessa forma, o ato de ler como repassagem de uma situação sígnica para outra - do gráfico para o acústico, e o que tudo isso implica - é fruto de uma aprendizagem. Por certo, é isso que o momento da "ficha da descoberta" proporciona aos indivíduos que dele participam.

De qualquer modo, podemos afirmar que da fala para a escrita e dessa novamente para a fala (ver Esquema 3) ocorrem fenômenos sígnicos de grande riqueza cultural, bem mais significativos do que normalmente se pensa. E, diga-se, tudo isso em meio a tensões, conflitos, impasses, perturbações, desequilíbrios e tentativas de reequilibração em outros níveis. O aspecto conflituoso do reprocessamento sígnico, aliás, é completamente deixado de lado por Paulo Freire. Sequer é mencionado. Tem-se a impressão - a partir do texto desse autor que estamos analisando - de que a superação do analfabetismo se dá num ambiente (interno, sígnico) de completa euforia, pura festa. Essa impressão não é só nossa. Em grande parte está retratada no poema de Thiago de Mello - "Canção para os fonemas da alegria" - que serve de epígrafe introdutória ao livro de Freire (op. cit.:27-28).

Se de algum modo já respondemos às duas questões que nossa hipótese geral levantava com relação à alfabetização ocorrida nos círculos de cultura de Paulo Freire, falta-nos, talvez, acentuar mais a questão da escrita, de vez que essa constitui um dos três elementos básicos que motivam o presente trabalho (senso comum, escrita e superação).

Vimos antes que o exercício da palavra falada, quando conduzido para um alargamento conceitual que ultrapassa algum conceito específico - por exemplo, de "favela" passa-se à "saúde", "alimentação" e assim por diante-, provocava um reprocessamento sígnico característico e conseqüente ampliação do signo em questão. O exercício da palavra escrita, por seu lado, apesar de diferente do da palavra falada, terá de absorver essa ampliação já assegurada no exercício da fala. Terá, pois, do contrário, as conquistas havidas no reprocessamento sígnico da fala se perderão e o indivíduo, ao escrever ou ao aprender a escrever, só estará copiando um modelo gráfico preestabelecido pela tradição da língua.

É claro, lembremos, que o ato de escrever, em si mesmo, já inclui uma ampliação do ato de falar, pois transforma a durabilidade da fala. Só isso já é um passo em frente muito importante e indubitável conquista sígnica.

Mas como o ato de escrever é precedido de um ato de falar que se ampliou além do significado-significante limitado pela **competence/performance** lexical já existente no indivíduo, deverá, de uma forma ou outra, reproduzir aquela ampliação conquistada. Evidentemente, essa reprodução ou absorção não será vista graficamente: "favela" se escreverá "favela", e por mais que possa absorver ampliações de significante-significado provenientes da fala, continuará a ser escrita assim. Concluímos, portanto, que conquistas havidas no plano da fala terão de reaparecer no contexto sígnico da escrita, ou seja, num contexto mental, interior ao indivíduo. Ao escrever "favela", tal indivíduo estará por certo repetindo graficamente um modelo preestabelecido, ato esse que, sem dúvida, encontra respaldo no seu contexto sígnico; todavia, estará escrevendo algo a mais que o modelo lhe determina - coescreverá favela-saúde, favela-alimento, favela-trabalho etc. - o que também encontrará respaldo no seu contexto sígnico, ampliado por um trabalho prévio sobre a palavra falada.

Se a alfabetização nos círculos de cultura efetivamente aconteceu como nos relata Paulo Freire, deve ter acontecido em grande medida graças aos mecanismos sígnicos reprocessados, tal como o desenvolvimento da nossa hipótese procurou mostrar.

Queremos encerrar este item dizendo que a nossa insistência na efetividade da alfabetização nos círculos de cultura não demonstra, de modo algum, desconfiança acerca dos fatos relatados por Freire ou por quem quer que também os tenha relatado. É que simplesmente nossa hipótese depende dessa efetividade para ser bem compreendida.

A escrita e a superação do senso comum

Procuraremos agora reunir de forma sintética os resultados das análises anteriores. Para permitir uma melhor compreensão do que temos a assinalar, continuaremos a tomar a "experiência acontecida" dos círculos de cultura como uma espécie de paradigma problematizador.

Tentamos deixar clara a dimensão sígnica, propriamente sígnica, do método aplicado nos círculos de cultura. A escrita ali apareceu como um acontecimento cuja importância foi definida pela diferença de durabilidade que conseguia introduzir no processo sígnico em relação à durabilidade da fala. A diferença não separava as duas situações sígnicas, pelo contrário as assemelhava pela diferenciação e as diferenciava pela assemelhação. Igualmente, procuramos mostrar que a dinâmica do círculo proporcionava a ampliação do significado-significante, primeiramente na palavra falada, em seguida na palavra escrita e na sua repassagem à palavra falada num terceiro momento, por ocasião de um novo ato sígnico, o ato de leitura.

Podemos, a partir de nossos resultados, esboçar algumas idéias a respeito da superação: a) um processo de aprendizagem da palavra escrita passa por um prévio processo de alargamento da palavra falada; b) a diferença criada pela ampliação no âmbito do significante-significado da palavra falada encaminha a diferenciação nos conceitos de tempo e movimento a fim de surgir a possibilidade de ressignificação no rumo do estabelecimento do conceito de espaço-temporalidade; c) conseguir isso é superar signicamente a preponderância da palavra falada e abrir a possibilidade sígnica da palavra escrita; d) podemos considerar esse reprocessamento sígnico como uma experiência de superação.

Ora, se aceitarmos que a situação cognitiva anterior a essa experiência podia ser caracterizada como senso comum, uma vez concretizada a experiência teremos de aceitar que houve superação do senso comum. Continuemos, todavia, no nosso esboço: e) a ação de escrever não deixa de ser uma cópia de um padrão gráfico predeterminado, visto que a palavra escrita se define como tempo de maior durabilidade ou como tempo-espacialidade; essa cópia, entretanto, se integrada a um processo de superação, extrapola o significante-significado específico da forma gráfica a ser copiada e conserva as ampliações conquistadas na ampliação da palavra falada; f) essa extrapolação-que-conserva, ou cópia-daquilo-que-não-se-vê, é resultado essencialmente sígnico.

Esse resultado sígnico provoca, de uma forma ou outra, uma espécie de nova comunidade semiótica, e que, para lembrar a terminologia paulofreireana, seria a "consciência crítica".

Por fim a última idéia do nosso esboço: g) para a superação semiótica acontecer deve estabelecer-se um contexto de escolha; o reprocessamento sígnico apresenta ao indivíduo contrastes cognitivos, o que lhe permite escolher entre signos - signo não-ampliado/signo ampliado, signo falado/signo escrito, signo escrito/signo lido-falado.

O senso comum como situação cognitiva, **stricto sensu**, deverá ser compreendido a partir dessa última idéia. Não é porque o indivíduo amplia o significante-significado de uma palavra falada que ele deixa de ter senso comum e sim porque, ao produzir a ampliação, dissolveu a autonomia excludente do signo que construíra para aquela palavra. Ao dissolver a autonomia excludente - esse foi o ato de escolha propriamente dito - abriu, é claro, a possibilidade de ampliação do signo. A efetiva ampliação completará aquilo que se chama de superação.

O mesmo pode ser dito a respeito da passagem da fala para a escrita e desta para a leitura-fala.

No caso da escrita, existem, de fato, dois momentos nos quais a escolha se propõe. O primeiro ocorre quando se reconfigura signicamente a durabilidade - esse é fundamental para o salto à palavra escrita. A excludência da palavra falada, sua intransigência de dominação sígnica, é ultrapassada, o que quer dizer que houve ressignificação, ou seja, superação. O segundo momento, por outro lado, tem ocorrência quando a ampliação sígnica da fala passa a ser preservada na escrita. Tem lugar novamente uma superação (ou ressignificação).

Fatos como esses são culturais e pedagógicos. Conforme as circunstâncias históricas de sua ocorrência, no entanto, podem ser político-pedagógicos. Mas sempre serão culturais.

* * *

Encerraremos este trabalho com a seguinte observação: se nossas análises podem abrir melhores perspectivas de compreensão para o que seja o processo de superação na sua dinamicidade sígnica, isso apenas nos alerta para a possibilidade de novas análises. Essa observação reafirma tão-somente a necessidade de continuar a tarefa de ampliação dos signos.

BIBLIOGRAFIA

ALVES, Rubem. **Filosofia da ciência - introdução ao jogo e suas regras**. São Paulo: Brasiliense, 1983, 4a. Ed.

ARISTÓTELES. **Metafísica**. (Trad. de Leonel Vallandro). Porto Alegre: Globo, 1969.

BRANDÃO, Carlos Rodrigues. **O que é método Paulo Freire**. São Paulo: Brasiliense, 1981, 2a.Ed.

CASTORIADIS, Cornelius. **A instituição imaginária da sociedade**. Rio de Janeiro: Paz e Terra, 1982.

CIRNE LIMA, Carlos Roberto. "Dialética do senhor e do escravo e a idéia da revolução". In: BOMBASSARO, Luiz Carlos (org.). **Ética e trabalho - cinco estudos**. Caxias do Sul: De Zorzi/PyR Ed., 1989, pp. 11-30.

CIRNE LIMA, Carlos Roberto. "Sobre a contradição". Porto Alegre: UFRGS (mimeo do Depart. de Filosofia e Ciências Humanas), s.d.

COUTINHO, Carlos Nelson. **Gramsci: um estudo sobre seu pensamento político**. Rio de Janeiro: Campus, 1989.

DELEUZE, Gilles. "Platão e o simulacro". In: DELEUZE, G. **Lógica do sentido**. São Paulo: Perspectiva, 1975, pp. 259-271.

DOMINGUES, Ivan. **O grau zero do conhecimento - o problema da fundamentação das ciências humanas**. São Paulo: Loyola, 1991.

FREIRE, Paulo. **Educação como prática da liberdade**. Rio de Janeiro: Paz e Terra, 1967.

GIANNOTTI, José Arthur. "A nova teoria da representação". In: **Arte e filosofia**. Rio de Janeiro: Funarte, 1983, pp. 59-68.

GOETHE. **Dichtung und Wahrheit**. In: **Goethes Sämtliche**

Werke (vol. XIII). Berlin: Ullstein, 1937.

GRAMSCI, Antonio. **Quaderni del carcere** (4 vol.). Turim: Einaudi, 1975.

HEGEL. **Fenomenologia do espírito**. (Parte II). (Trad. de Paulo Menezes). Petrópolis: Vozes, 1992.

HEGEL. **Wissenschaft der Logik** (II). (Redaktion E. Moldenhauer und K.M. Michel). Frankfurt am Main, Suhrkamp Verlag, 1986; **Science de la logique - La doctrine de l'essence**. (Trad. par P.-J. Labarrière et G. Jarczyk). Paris: Aubier-Montaigne, 1976.

LANGACKER, Ronald W. **A linguagem e sua estrutura**. Petrópolis: Vozes, 1972.

LOPES, Edward. **Fundamentos da lingüística contemporânea**. São Paulo: Cultrix, 1976.

MACHADO, Roberto. **Deleuze e a filosofia**. Rio de Janeiro: Graal, 1990.

MORRAL, John B. **Aristóteles**. Brasília: Edit. UnB, 1981.

PIAGET, Jean. **O nascimento da inteligência na criança**. Rio de Janeiro: Zahar, 1975 a, 2.ed.

PIAGET, Jean. **A formação do símbolo na criança**. Rio de Janeiro: Zahar, 1975 b, 2.ed.

PLATÃO. **Sofista**. (Trad. de Jorge Paleikate e João Cruz Costa). In: PLATÃO. **Diálogos**. São Paulo: Abril Cultural (Col. Os Pensadores), 1979, 2.ed.

ROSENFIELD, Denis L. **Política e liberdade em Hegel**. São Paulo: Brasiliense, 1983.

SAUSSURE, Ferdinand de. **Cours de linguistique générale**. Paris: Payot, 1962.

SCHAEFER, Sérgio e JANTSCH, Ari Paulo. **O conhecimento popular**. Petrópolis: Vozes, 1995.

SCHAEFER, Sérgio. "A superação do conhecimento popular". In: SCHAEFER, S. e JANTSCH, A.P. **Op. cit.**, pp. 163-178.

SÓFOCLES. "Antígone". In: SÓFOCLES/ÉSQUILO. **Tragédias gregas**. Rio de Janeiro: Tecnoprint, s.d., pp. 75-109.

STRAWSON, P.F. **Introduction to logical theory**. Londres, 1952.

TUGENDHAT, E./WOLF, U. **Logisch-semantische Propädeutik**. Stuttgart: Reclam, 1983.

Sérgio Schaefer
Graduado em Filosofia (FASP)
Mestrado em Antropologia Filosófica - PUC - RS
Doutorando em Filosofia Política - UFRGS
Professor do Departamento de Ciências Humanas da UNISC,
Santa Cruz do Sul, RS.
Livros Publicados:

Lógica Dialética. Editora FISC/Movimento, Santa Cruz do Sul /Porto Alegre, 1985

O conhecimento popular (c/Ari Paulo Jantsch). Vozes, Petrópolis, 1983

Rosas do Brasil, IGEL/IEL. Porto Alegre, 1989

Zé Divino, o Messias. Edit. Civilização Brasileira, Rio de Janeiro, 1976

ESCREVER: UMA DAS
ARMAS DO PROFESSOR

Lucídio Bianchetti[1]

*"A vida de um acadêmico é o que ele desvenda,
o que ele escreve, o que ele ensina".*
Rogério C. de C. Leite

Vivemos hoje num mundo movido à base de signos. O domínio ou a capacidade de decodificação desses signos determinará um universo de vida mais amplo ou restrito aos homens. Mas, além de construir essa capacidade, é necessário que haja uma decisão tanto para usá-la, quanto em relação ao direcionamento do seu uso. Isto é, deve-se ter clareza sobre o porquê e em favor de quem utilizá-la.

A situação do analfabeto num mundo com essas características é dramática. *"Infelizmente, nem sempre é permitido a todos ouvirem e verem as imagens e vozes que habitam o mundo da escrita"*, afirma Dietzsch (1989:63). O não domínio da leitura e da escrita transforma o não alfabetizado em prisioneiro num restritíssimo espaço. Em muitos aspectos, poderíamos dizer, retira-lhe muitas possibilidades de potencializar o seu processo de humanização[2]. O alfabetizado possui as pré-condições para arrebentar com essas amarras. A condição de alfabetizado, porém,

---

[1] Professor no Departamento de Estudos Especializados em Educação no Centro de Educação da Universidade Federal de Santa Catarina. Mestre em Educação pela PUC/RJ. Doutorando em História e Filosofia da Educação pela PUC/SP

[2] "Mesmo assim é o analfabético: igualmente uma formiga. Leva tudo na testa que nem saúva. Se ele entra numa cidade assim, ele não vai olhar ni nome de rua nem nada, porque num sabe ler. Vai perguntando a um e outro, feito doido. Eu ando igualmente à saúva. Entro num canto assim, meto o peito na frente, se sai

é necessária, mas não suficiente. A partir do domínio desses códigos e signos é preciso dar outros passos. Ler o que os outros escreveram é um desses passos. Mas é preciso avançar. É necessário ter condições de ler o texto e o contexto; fazer emergir o não-dito, aquilo que está nas entrelinhas. Ler para além do que os outros escreveram, dialogar com o escritor é um dos caminhos para tornar-se autônomo. A uma categoria de profissionais, porém, não basta apenas isso. Aos que se dedicam ao trabalho intelectual, especialmente os professores, exige-se que, além de lerem, no sentido polissêmico do termo (Orlandi, 1987), sejam capazes de utilizar a arma do escrever. Manejar essa arma é uma das condições para desempenharem com dignidade a profissão docente. Isso é imprescindível por vários motivos, como veremos posteriormente. E isso é difícil, por 'n' outros.

A passagem de consumidor (passivo) dos escritos de outros à situação de autor (ator) não é um processo fácil. Entre muitas condições, uma delas é a decisão. Mas é preciso ter presente que, além de ser uma questão de volição, é uma imperiosa necessidade. É tão impensável imaginar um professor que não escreve, quanto imaginar um pedreiro que não saiba manejar uma espátula. Mas a problemática não se esgota nesse nível. É preciso que, ao manejar essa arma, o professor tenha claro que, numa sociedade dividida em classes antagônicas, o espaço e o tempo da neutralidade[3] deixaram de existir.

Sem dúvida um dos momentos cruciais da alegoria da caver-

---

bem sai, se me sai mal é mesma coisa. Se estiver errado voltarei prá trás, se não estiver seguirei prá frente. Eu comparo eu mesma coisa que uma saúva, essas formigas da roça". Depoimento de um agricultor, colhido por Octávio Ianni. Por sua vez, em recente entrevista Paulo Freire, falando sobre as origens do seu Método de alfabetização de adultos, afirma: "Nesta altura descobri que o analfabetismo era uma castração dos homens e das mulheres. Uma proibição que a sociedade organizada impunha às classe populares".

[3] Ilustrativa a esse respeito é a seguinte fala de Silva (1993: 110): "Quando você faz a seguinte declaração: eu não me meto em política, você acabou de se meter, porque você tomou uma posição. É como se estivessem surrando alguém e você dissesse: eu não tenho nada a ver com a vítima. Então, você tem a ver com o carrasco".

na, narrada por Platão no Livro VII de **A República**, é aquela em que os homens acorrentados, depois de terem passado a vida toda observando as sombras projetadas nas paredes da caverna, são libertados dos grilhões que os prendem e trazidos para fora. A luminosidade ofusca-lhes a visão. Nesse instante a sua opção vai ser decisiva: se voltarem para acomodar(se) seus olhos, passarão a vida vendo sombras, projeções; caso decidam esforçar-se, o sentido da visão acabará assimilando a nova situação e eles passarão a ver a realidade.

De forma similar, a passagem de leitor para a de alguém que se preocupe em registrar experiências, fazer proposições junto aos alunos, aos seus pares, e principalmente na difusão de um saber que a própria função lhe permite construir, é crucial. Não se pode aceitar a desculpa de que a inspiração não vem. Além do querer, da intencionalidade, é preciso' arregaçar as mangas'. Afinal, a partir da experiência e de depoimentos, sabe-se que o escrever resulta de 10% de inspiração e 90% de transpiração.

A 'revolucionária' proposta da burguesia

Até a chegada da burguesia ao poder, uma das formas que os grupos dominantes utilizaram para exercer o seu poder, ou excluir aqueles que eram 'menos iguais', era impedi-los, ou melhor, não produzir a necessidade[1] de aprenderem a ler e se expressar através da escrita.

---

[1] O estágio em que se encontravam as forças produtivas, nos processos escravocrata e servil, dispensavam essa virtuosidade. Com o ulterior desenvolvimento das forças produtivas, porém, gradativamente passou-se a pressupor um trabalhador com essa capacidade incorporada, a ponto de hoje, em pleno período da chamada terceira revolução industrial, a escolarização universal ser colocada como uma necessidade, tanto pelos trabalhadores, quanto pelos donos dos meios de produção. Nunca é demais recordar que essa pretensa unanimidade traz precedente na paradigmática fórmula de A. Smith, no século XVIII: para a classe trabalhadora, "educação em doses homeopáticas", pois mais do que o necessário (o critério é do capital!) pode ser prejudicial. Essa fórmula continua atualíssima, com a diferença de que hoje ela não é apresentada tão candidamente, fato que, sem dúvida, amplifica a responsabilidade e a necessidade do compromisso dos privilegiados que receberam ' doses mais generosas que as homeopáticas' .

Lá, a máxima Baconiana "saber = poder" conheceu sua plena realização. E isso ocorreu de uma forma explícita, uma vez que a existência das classes obrigatórias dispensava a necessidade de lançar mão da ideologia, como meio de mascarar a realidade. Naqueles momentos históricos, saber ler e escrever foi, então, um dos meios de poder, instituído, produzido e consumido pelo exíguo grupo que estava no comando, em seu único e exclusivo benefício.

A façanha da burguesia, enquanto classe hegemônica, superou em muito suas congêneres precedentes. O direito à educação, visto aqui como um dos meios de chegar ao domínio da leitura e da escrita, em função do ideário liberal, que previa a igualdade entre os homens, foi extendido a todos. A preocupação com o ensinar tudo a todos de Comenius é paradigmático do que viria a ser a posição da nova classe dominante. A burguesia, assim, democratizou (formalmente) a sociedade. A educação deixou de ser um privilégio. Ler e escrever se tornariam, gradativamente, instrumentos indispensáveis para a otimização da nova forma de produção da existência.

A extensão do direito da educação a todos é, sem dúvida, um dos aspectos revolucionários da burguesia. No entanto não foi necessário que se passasse muito tempo para se revelar o seu teor de 'cavalo de tróia' : de forma letal, no interior desse direito, formalmente extendido a todos, esconde-se o germe de uma nova forma de poder que se revela-esconde: a) enquanto um direito negado àqueles que não chegam à escola ou, em lá chegando, dela são excluídos prematuramente; b) enquanto um direito, que embora não negado, não conheceu sua plena realização para um imenso contingente de analfabetos políticos; c) enquanto um direito plenamente realizado a um grupo restrito daqueles que são "mais iguais do que os outros".

A tragédia que se abate sobre o primeiro grupo não conhece precedentes na história da humanidade, pelo simples motivo que, no atual estágio das forças produtivas, a produção da existência pré-supõe a capacidade de ler e escrever.

Já o segundo grupo, que compõe a maioria da sociedade, defronta-se com o dilema de, embora sabendo ler e escrever,

LEITURA CRÍTICA • ESCRITA CRIATIVA

descobrir-se incapaz de apreender o significado do signo enquanto tal, bem como texto e contexto. Aqui, a tomada de consciência revela a tragédia do saber que não fertiliza.

Tanto o primeiro quanto o segundo grupos estão numa situação que carece daquilo que se chama humanização plena, dada a dependência a outros no tocante à decodificação e/ou interpretação de um texto e/ou do mundo.

E é justamente porque essa situação está posta que o pertencimento ao terceiro grupo deixa de ser cômoda ou deveria deixar de sê-lo, pois, dados os interesses antagônicos que permeiam a sociedade capitalista, a possibilidade da neutralidade deixa, como já vimos, de existir. Em outras palavras: pertencer a esse terceiro grupo significa estar engajado, por decisão ou inércia.

Pouco há a falar sobre a burguesia e seus sicofantas, a não ser que esses, ao manejar a arma do escrever, continuam contribuindo para a manutenção do *status quo*. Muito há a falar e esperar, porém, dos intelectuais que estão ou deveriam estar comprometidos com a superação de uma situação posta, de evidentes privilégios para uma minoria, e de gritantes injustiças para o 'resto' . E isso torna-se tanto mais necessário quanto urgente, uma vez que a queda do muro de Berlim e a progressão avassaladora do ideário neoliberal arrefeceu aquele polarismo que evidenciava as diferenças e facilitava a percepção de quem era quem. Hoje, a realidade é opaca. E, nessa ' noite em que todos os gatos são pardos', torna-se imperioso que os professores usem a arma do escrever, a exemplo do químico que usa os corantes, para evidenciar as diferenças. Sem isso, os passos seguintes ficam inviabilizados.

O perigo dos escritores e seus escritos

Tanto em narrativas do cotidiano de diferentes épocas, quanto na ficção (Cf. G. Orwel), na mitologia e até na história das religiões, encontramos indícios de como aqueles que estão no poder, e seguindo a própria lógica desse poder que é nele se manter a qualquer preço, preocupam-se com os escritos e seus autores. Encontramos também indícios de o quanto um escrito, um documento é um marco[3], um divisor de águas entre uma situação e outra.

Sem a pretensão de fazer uma arqueologia do assunto, apontaremos alguns exemplos, embora esparsos, a fim de que se perceba que, independentemente da época e lugar, há uma lógica do poder[6]. Essa lógica nos ajuda a entender a extensão e a profundidade da afirmação de Marx e Engels (1986:34): *"As idéias dominantes de uma época sempre formam as idéias da classe dominante"*.

Muito antes de haver uma codificação, uma uniformização e uma universalização dos signos e códigos, os homens faziam uso desses recursos para comunicar-se. 'Desenhar' o caçador e sua caça nas paredes das cavernas era parte de um ritual, era uma forma de representar (e perenizar) algo acontecido ou antecipar aquilo que se desejava. Podemos afirmar que aquilo que ocorre com uma criança, ainda hoje, também ocorreu com a humanidade: esta, um dia também foi criança, 'garatujou' , fez de signos e códigos o meio de aprender a fala/memória, de comunicar-se. Em outras palavras, poderíamos dizer: o individual repete e transforma o social, em função das novas necessidades gestadas no processo produtivo. Segundo Luria, citado por Dietzsch (1989:64)

---

[5] De conformidade com uma certa visão de história, parece, por exemplo, que o Brasil passou a existir somente a partir da carta de Pero vaz de Caminha.

[6] Essa lógica implica que aqueles que estão no poder procuram nele manter-se, enquanto um fim, independentemente dos meios a utilizar. No caso específico a que estamos nos referindo, censura-se, mata-se, exila-se, queimam-se obras, escritores. Acontece, conforme bem mostra Boff (1982: 98), que "... o poder por si só jamais abdica. Somente reparte quando periga soçobrar". Nessa mesma direção, Duarte Jr enfatiza: "Daí o horror intrínseco que ditaduras de qualquer matiz nutrem contra os intelectuais e seus programas de estudo e pesquisas: eles acabam apontando sempre na direção de transformações no que existe, rumo a uma sociedade diferente, distinta da que os poderosos pretendem conservar a fim de manter seus priviégios" (1991: 69)

"As linhas e rabiscos utilizados nos primórdios do desenvolvimento da escrita vão sendo substituídos por figuras e desenhos para dar origem aos signos, em uma seqüência de eventos que torna semelhante o desenvolvimento do processo, tanto na história universal, quanto na história do desenvolvimento infantil".

Na mitologia grega encontramos a estória de Filomela e Procne, filhas do Rei Pandíon de Atenas. O Rei Tereu da Trácia casou-se com a segunda. Como elas se amavam muito, viviam tristes por estarem separadas. Tereu ofereceu-se para trazer Filomela à Trácia, deixando feliz sua esposa. No caminho violentou a cunhada e, para proteger-se, cortou-lhe a língua e aprisionou-a numa torre. À esposa contou que sua irmã havia morrido no caminho. Foi, conforme palavras de Baker (1973: 22), o seguinte recurso que possibilitou à esposa e à cunhada de Tereu descobrirem a mentira e vingarem-se:

"Quanto a Filomela (...) recorreu a um velho tear que encontrou no castelo abandonado onde Tereu a tinha aprisionado, para tecer um tapete no qual representava tudo o que lhe tinha acontecido, mandando-o a sua irmã Procne". .

Todos nós, ocidentais cristãos, sabemos o significado e o quanto ainda interfere em nossa cosmovisão um fato ocorrido nos primórdios do judaísmo cristão: Moisés, no monte Sion, recebendo de Deus as tábuas dos 10 mandamentos. Nelas estavam gravadas prescrições que marcaram e continuam marcando, de forma indelével, o ser e o portar-se de milhões de pessoas. Foi, sem dúvida, esse escrito inicial que possibilitou o gradativo 'amalgamento' do que conhecemos hoje como concepção cristã. E que dizer do episódio em que Jesus Cristo passa a escrever na areia os pecados dos acusadores de Madalena? E da inscrição I.N.R.I. no topo da cruz, apresentada e utilizada como justificativa pela condenação à morte do fundador do cristianismo?

O poder dos escritos e daqueles que dominam esse meio de manifestação humana pode ser visualizado também por esta citação de Abramson et al. (s.d.:48) referente ao período medieval:

> *"A escrita rúnica espalhou-se principalmente entre as tribos germânicas que povoaram a península escandinava. A palavra 'rún' significa 'segredo' em língua escandinava. Os germanos foram buscar a idéia das runas ao alfabeto dos seus vizinhos meridionais. Utilizavam estes caracteres na feitiçaria, nas fórmulas mágicas e nas predições; pensava-se que os raros privilegiados que as sabiam ler eram detentores de um poder mágico. As inscrições rúnicas deixadas pelos sacerdotes, chefes e várias personalidades influentes constituem uma prova do seu poder crescente"*

Mas, talvez, na história do mundo ocidental cristão nenhuma outra iniciativa demonstre tanto o medo, o perigo e, conseqüentemente, o poder atribuído aos escritores e a seus escritos do que uma das iniciativas emanadas do Concílio de Trento (1534 - 1556), um dos pontos altos do movimento contra-reformista da Igreja Católica: a organização do INDEX[7]. Através desse artifício, a hierarquia da igreja avocou a si o direito e o poder de organizar uma listagem dos livros que os católicos podiam ler e outra dos banidos. Além disso, atribuiu-se o poder de decidir o que fazer com os escritores, seus escritos e leitores.

Partindo do princípio que o conhecimento e a verdade eram resultantes de um ato de iluminação e inspiração divina, a igreja católica impedia seus seguidores de investigarem. Tudo já esta-

---

[7] "Nenhum desses exemplos, porém, afirma Silva (1993:71), supera as proibições e suplícios impostos nas sociedades ditas cristãs. O "'index librorum prohibitorum' ainda é o rol mais horrível de que se dispõe para caracterizar uma idade das trevas, entretanto iluminadas pelas fogueiras, de livros ou de seus autores, que a Inquisição e o Santo Ofício, devidamente maracutaiados, acenderam 'per saecula saeculorum'". Em outro texto diz o mesmo autor: "A igreja Católica é a que detém o mais sofisticado arsenal tecnológico das punições (...) é doutora pós-graduada com tudo quanto é titulação para exercer a censura e exerceu-a durante doze séculos" (Silva, 1993:109).

va achado, previamente definido. As verdades jaziam prontas na bíblia (glosada, diga-se de passagem)[8], e do católico exigia-se fé cega. Mesmo quando a igreja, através de alguns conventos, tornou-se a depositária dos tesouros da cultura clássica, não o fez com o objetivo de favorecer a pesquisa e o avanço do conhecimento. A preocupação era preservar, no sentido de perenizar, mas também de impedir o livre acesso a obras consideradas atentatórias a inúmeras verdades emanadas dos canonistas. Essa manifestação do Venerável Jorge, no filme **O nome da rosa**, embora o teor ficcionalista, é reveladora:

> *"Quando as piras arderem esta noite, que as chamas purifiquem cada um de nós em seu próprio coração. Que nos voltemos ao que foi e deveria ser sempre o ofício deste mosteiro: a preservação do conhecimento. Preservação eu disse... não... perscrutação! Porque não existe progresso na história do conhecimento, meramente, uma contínua e sublime recapitulação".*

E a história mostra que a igreja tudo fez para preservar a pureza da sua doutrina do contágio das heresias, desde a persuasão, passando pela cooptação, até a violência física, sendo o "Santo Tribunal da Inquisição" o ícone desses recursos. Nesse aspecto, uma das maiores autoridades em pesquisa sobre a ação repressora da igreja, a professora Anita Novinsky, ao publicar o livro **A Inquisição**, dedica-o a "todos aqueles que cometeram o crime de pensar diferente".

Os tentáculos da Igreja Católica desconheciam fronteiras quando o assunto era cristianizar. Na missão histórica que os europeus se impuseram de completar o alfabeto dos povos pré-

---

[8] Inicialmente até a Bíblia constava do INDEX. A justificativa era de que a leitura no original, por pessoas pouco esclarecidas, poderia levar a equívocos na interpretação. Por isso os católicos eram estimulados a ler a Bíblia glosada, isto é, de segunda mão, a partir da interpretação dos grandes santos da igreja. Essa medida foi apenas mais uma das suas prevenções a fim de evitar outros Luteros. Creditava-se as heresias de Lutero a sua livre interpretação da Bíblia.

colombianos, carentes, segundo a visão eurocêntrica, das letras L (lei), R (rei) e F (fé), coube aos Jesuítas esta última. E eles foram zelosos no cumprimento desse dever perante o papa e o rei. Galeano (1983:170) narra o seguinte episódio, ocorrido em 1562:

> *"Frei Diogo de Landa atira às chamas, um após outro, os livros dos Maias (...). O inquisidor amaldiçoa Satanás e o fogo crepita e devora. Em volta do queimadeiro, os hereges uivam de cabeça para baixo. Pendurados pelos pés, em carne viva pelas chabatadas, os Índios recebem banhos de cera fervendo, enquanto crescem as chamas e gemem os livros, como queixando-se (...).*
> *Esta noite se transformam em cinzas oito séculos de literatura maia. (...) Ao centro, o inquisidor queima os livros. Ao redor da fogueira imensa, castiga os leitores..."*.

Sem dúvida, queimar os livros, castigar os leitores, impedir que outros sejam escritos[9] e veiculados, é uma fórmula eficientíssima de impor o "olhar padrão" a que se refere Guattari (1992:23). Essa estratégia, a história registra, foi sobejamente utilizada.

A Coroa portuguesa não se contentou apenas em destruir gráficas e impressoras que, por ventura, apareciam nas Colônias: procedia-se a um seqüestro dos caracteres/tipos, a fim de que o mal fosse cortado pela raiz. A queima dos documentos relacionados ao tráfico de escravos foi o recurso utilizado para tentar destruir uma 'página negra' da nossa história[10]. Hitler se utilizou do fogo para suprimir qualquer literatura que não se enquadrasse na ótica nazista. E o recente episódio envolvendo o escritor S. Rushdie não deixa de ser menos revelador do perigo como é encarado o pensar diferente.

Particularmente para nós, brasileiros, talvez nenhum outro

---

[9] Um episódio exemplar, nesse aspecto, foi o ocorrido com Rousseau. Quando ele, pelos seus escritos foi julgado e condenado, houve manifestações de que, não só as obras deveriam ser queimadas, mas também o autor.
[10] Iniciativa diga-se de passag,em do nosso "águia de Haia: Rui Barbosa"

processo seja mais exemplar do que a censura imposta no decorrer do regime militar. Ventura (1988:286) revela:

> *"Paralelamente a essa caçada aos criadores, o AI-5 desenvolveu um implacável expurgo nas obras criadas. Em dez anos, cerca de 500 filmes, 450 peças de teatro, 200 livros[11], dezenas de programas de rádio, 100 revistas, mais de 500 letras de músicas e uma dúzia de capítulos e sinopses de telenovelas foram censuradas..."[12]*

Censura e censuras

O censor, na velha Roma, era o encarregado dos censos, aquele que contava, enfim. A prática dos homens, no decorrer do tempo, impôs uma metamorfose a esse ofício e, por decorrência, ao conceito, imprimindo-lhe um caráter sinistro. Ao falar em censura, hoje, estamos fazendo referência aos meios, às estratégias, brandas (persuasão e cooptação, por exemplo) ou violentas, a que se lança mão, a fim de impedir a livre manifestação e/ou justificar a inexistência dessa, ou ainda balizá-la em determinada direção e calibrá-la na sua intensidade e qualidade. Essa prática permeou os diversos processos civilizatórios e permanece como norma e não como exceção (Silva, 1993:69).

À luz do exposto, conclui-se que existem censuras e censuras. A questão, portanto, não é saber se existe censura ou não, mas, sim, aperceber-se da sua intensidade e abrangência. Uma coisa é falar da existência de censura do Executivo sem o Judiciário, outra é pressupondo este, por exemplo. Para saber a diferença entre uma situação e outra, basta comparar o período da ditadura com os dias de hoje.

Falando mais particularmente do campo no qual se mo-

---

[11] De acordo com Deonísio da Silva (1993), foram, ao todo, 508 livros proibidos, no perído da ditadura militar

[12] Uma das decorrências disto, segundo o autor, foi a de que, "a geração pós-68 foi de poucas palavras, unidimensional" (p. 52).

vem os professores e outros intelectuais, também podemos falar de censura no plural. Ninguém desconhece o quanto os militares 'privilegiaram' as universidades e, em termos mais amplos, aqueles que se dedicavam a atividades intelectuais. Aposentadorias compulsórias, corte de verbas, prisões, ostracismos, mortes etc., foram recursos fartamente utilizados. Porém, sobre essa censura declarada, assumida e estribada em AIs e Decretos-lei e seus perversos resultados[13], já há verdadeiros libelos escritos.

Do repúdio a todo esse processo, gostaríamos de passar, no entanto, a fazer referência a outros tipos de censuras que, embora menos evidentes, nem por isso foram e estão sendo menos eficientes. Faremos menção a duas modalidades, por nós assim denominadas: auto e heterocensura e censura da lógica do capital. Esses tipos de censura, aparecendo isoladamente ou em conjunto, apontam para um novo estágio e para estratégias diferentes na busca do milenar objetivo de impedir as pessoas de se expressarem livremente, confirmando a premissa de que a censura é uma regra e não uma exceção.

Em recente entrevista, o filósofo francês Jacques Derrida refere-se à importância da reunião do Parlamento Internacional de Escritores[14] a realizar-se em Lisboa, uma vez que:

Entre o arsenal das estratégias e recursos utilizados hoje, destaca-se a mídia, enquanto mediação entre o escritor e o leitor. Seu poder se exerce como um filtro que avalia, classifica, sustenta ou marginaliza uma obra e, conseqüentemente, seu autor. Falando em linguagem própria do mercado, podemos afirmar que esse filtro atua no varejo, induzindo o candidato a leitor a

---

[13] Paulo Francis, falando do quão pouco as novas gerações conhecem sobre o 'processo revolucionário' de 1964, afirma: "Jamais ocorreria a essa gente que as melhores pessoas, inconformadas com imposições militares, aderiram ao terrorismo, morrendo quase todas, ou se estragaram, psicologicamente, de alguma forma. Outras foram para a iniciativa privada. Quando veio a abertura democrática, em 1985, já estavam comprometidas demais com seus afazeres, responsabilidades, etc. para tentar a vida pública" (1994: 07)

[14] O tema da reunião deste ano será a "Literatura deslocada", referência a todo esse processo inibidor que impede a livre manifestação.

procurar ou ignorar-execrar uma obra, fato que vai repercutir no mercado e, recuando mais, na produção.

Auto e heterocensura

O processo autocensurador pode ser desencadeado por fatores de ordem objetiva, como os vistos acima. Fatores de ordem subjetiva, com suporte na realidade ou frutos da imaginação, no entanto, podem também constituir-se em poderosos inibidores, tanto do escrever, quanto do expor-se através dos escritos.

Pressupondo a existência dessa espécie de censura, passaremos a fazer algumas considerações sobre aspectos subjacentes a ela, e decorrências, principalmente, para os trabalhadores da educação.

Atuando na coordenação de revistas e em conselhos editoriais, posso, sem exageros, utilizar a metáfora do fórceps para dar uma idéia do que é necessário fazer, muitas vezes, para arrancar algum texto de colegas. Há aqueles que escrevem e engavetam o resultado a sete chaves. Há outros que dizem cortar o mal pela raiz: não escrevem. Provocados, todos são capazes de elencar justificativas que, presumem, os auto-absolvem, situação que denuncia a introjeção do mecanismo da censura.

Fala-se em falta de tempo, em falta de uma política para publicar, em conselhos editoriais impermeáveis, na formação de 'capelinhas', no privilegiamento de orientandos por parte de seus orientadores, na exclusão do pensar diferente etc. Mas, também, fala-se muito que 'existe muita baboseira, muita abobrinha escrita' e, assim sendo, o melhor a fazer é calar-se. Ora, sabemos que as explicações arroladas, com mais ou menos intensidade, fazem-se presentes. No entanto, isso pode até ajudar a explicar determinada realidade, jamais justificá-la. Na medida em que o escrever é (ou deveria ser!) imanente à função docente, é preciso que se arrebente esse simulacro.

O que estaria subjacente à atitude de quem, em nome da existência de escritos de má qualidade, justifica o seu não-escrever? Não tenho dúvidas que, por trás dessa atitude, muitas vezes se esconde uma dose de acomodação, quando não, o que é mais grave, uma falsa humildade[15]. Estariam querendo dar a entender que só escreverão e divulgarão quando julgarem seus escritos como sendo de qualidade (quem julgará um trabalho oculto?), desconhecendo que um artigo resulta de um processo de leitura, reflexão, enfim, da *práxis*, e que a qualidade resulta do esforço, da exposição aos colegas e suas críticas. É preciso dispor-se, é necessário tornar-se "corajosamente vulnerável", pois esse é o único caminho para o crescimento. Falando sobre a necessidade de divulgação dos resultados dos estudos, Longhi (1992:3) afirma: "Embora muitas vezes estes sejam até incipientes, é fundamental que tenhamos coragem, humildade e condições de externarmos nossos 'achados', a fim de expô-los à crítica".

Se a censura legal especializou-se em eliminar o resultado e em tentar abortar o processo, a auto e a heterocensura impedem a fertilização.

Não estou propondo que se desfralde a bandeira do "publique ou morra". A questão é de socialização do conhecimento, de <u>explicitação</u> de compromissos, enfim de utilização da arma do escrever, no sentido referido por Sartre (1989) em que a palavra é vista como ação e o texto como um posicionamento. Afinal, escrever é uma forma de engajar-se.

Escrever é um excelente momento de refletir sobre a prática. "A prática de pensar a prática é a melhor maneira de pensar certo", diz Paulo Freire (1978:65). O não-escrever ou o escrever pouco priva os pares de ter contato com o que se está fazendo e pensando. O ato de escrever e publicar evitaria que, muitas vezes, se 'inventasse a roda novamente'. Nesse aspecto há uma similaridade entre os educadores que escrevem pouco e o Alquimista. Quando este morria, com ele morriam seus herméticos conhecimentos, suas tentativas, seus erros e acertos. Quando um educador se aposenta, sem ter refletido e passado para o papel sua *práxis*, com ele se 'aposenta' uma série de vivências,

---

[15] Além de uma falsa humildade não deixa de estar presente aquela prepotência que se revela no alojar-se na cômoda atitude olímpica de quem se coloca acima de qualquer ataque, podendo julgar os outros sem correr riscos, uma vez que, ao não escrever, deixa seus flancos guarnecidos.

LEITURA CRÍTICA • ESCRITA CRIATIVA

de experimentos, de reflexões que poderiam ser o ponto de partida e/ou parâmetro para outros.

Escrever é também um excelente meio de esclarecer-se. Marx fez do escrever, da polêmica com grandes intelectuais da sua época, como Proudhon, Lassalle, Stiner, Feurerback, entre outros, o meio de esclarecer, esclarecer-se e forjar a ferramenta do materialismo histórico. Ele faz referência a "monografias escritas com longos intervalos para meu próprio esclarecimento". Nesse aspecto, relata o episódio relacionado a um projeto de pesquisa desenvolvido por ele e Engels, a respeito da diferença entre sua forma de pensar e ver e a concepção ideológica da filosofia alemã. Afirma que, depois de desenvolvido o projeto, que resultou num manuscrito em dois grandes volumes sobre uma crítica à filosofia pós-hegeliana, circunstâncias impediram a sua publicação. Aí ele conclui:

> *"De bom grado abandonamos o manuscrito à crítica corrosiva dos ratos, tanto mais que tínhamos atingido o nosso fim principal, que era enxergar claramente as nossas idéias"* (Marx, 1977: 26).

É também pelo conjunto dos escritos que uma escola, uma instituição universitária define sua posição, diz o seu presente na comunidade científica. Nesse aspecto é preciso que fique claro que não basta um voluntarismo pessoal. É indispensável que, além do querer, haja decisões políticas institucionais, com medidas efetivas, relacionadas a tempo e condições mínimas, pois escrever, sistematizar e publicar é um trabalho desgastante. Impedir o acesso a essa infraestrutura constitui-se numa modalidade de censura.

A censura da lógica do capital

A lógica do capital conhece sua plena realização quando um produto percorre a trajetória compreendia pelo processo de produção e comercialização. O pragmatismo utilitarista que permeia a forma capitalista de produção se esgota aí. Em outras palavras, a crise se instaura quando esse processo não se completa.

O demiurgo dessa forma histórica de produção chama-se mercado. É com esses pressupostos que precisamos analisar uma das facetas do processo de escrever e a divulgação dos resultados. Pela lógica do capital, um livro, um artigo, antes de serem apreendidos como tais, não passam de uma mercadoria. Diante disso, a análise de um texto, antes de ser procedida por parâmetros de qualidade, terá que passar pelo crivo da questão: "será que vende?". Sem dúvida, essa também é uma espécie de censura.

Essa lógica, do ponto de vista do mercado editorial, é inatacável. Não a seguir significa falência. Isso, no entanto, não pode servir de álibi para os intelectuais-acadêmicos não escreverem[16]. O escrever é uma das funções inerentes ao leque do seu fazer, enquanto trabalhadores da educação. A obrigação de veicular a sua produção, num primeiro momento, esgota- se junto a seus alunos e seus pares. Esse, em princípio, é o seu 'mercado'. E aqui, insisto: colocar seus 'produtos' nesse mercado, muito mais do que um direito, é uma obrigação.

Cumprida essa etapa, cabe à associação de classe, aos dirigentes das instituições tomar decisões, viabilizar meios a fim de que uma política de divulgação seja implementada. Cabe a esses dirigentes compreender que publicar não é uma atividade lucrativa e nem um gasto. É um investimento cujos retornos não podem ser contabilizados exclusivamente em forma monetária. Espera-se, também, que não raciocinem linearmente pelo esquema "input-output". Chegar a um resultado-produto, não poucas vezes, depende de um longo processo e de muitos 'investimentos'.

---

[16] "A vida intelectual, que inclui livros, artigos, periódicos, conferências, discussões públicas, talvez ensino universitário, encontra-se sujeita ao mercado e às forças políticas, mas não pode ser reduzida a elas" (Jacoby, 1990, p. 18)

Concluindo e partindo

Gostaríamos de concluir, chamando a atenção para alguns aspectos:

1. A acepção que procurei emprestar ao termo intelectual incorpora a conotação gramsciana, segundo a qual "todos os homens são intelectuais" (1979:7), bem como a marxista, que diferencia o homem dos outros animais pela sua capacidade de prefigurar[17] em sua mente o que vai transformar em realidade depois. Mas procurei, principalmente, ter presente também a conotação de Jacoby (1990) ao referir-se aos intelectuais públicos. Compartilho com esse autor a preocupação em relação ao "eclipe" desses intelectuais, em função do pouco que escrevem ou na preferência por um escrever narcisista ou incestuoso. É desse autor o alerta:

> *"Os intelectuais mais jovens não necessitam ou desejam um público mais amplo; quase todos são apenas professores. Os campi são seus lares; os colegas, sua audiência; as monografias e os periódicos especializados, seu meio de comunicação (...) Seus empregos, carreiras e salários dependem da avaliação de especialistas, e esta dependência afeta as questões levantadas e a linguagem empregada".*

2. Com base no acima exposto, pode-se concluir que os trabalhadores da educação, além de serem intelectuais, estão numa função em que o escrever é um pressuposto. Portanto, já não se coloca a questão entre o sim e o não escrever. Mas a serviço de quem essa arma vai ser manejada. O espaço precisa ser ocupado. E isso vai acontecer, por decisão ou inércia, trazendo cada uma suas conseqüências.

---

[17] "Uma aranha executa operações semelhantes às do tecelão e a abelha supera mais de um arquiteto ao construir sua colméia. Mas o que distingue o pior arquiteto da melhor abelha é que ele figura na mente sua construção antes de transformá-la em realidade" (Marx, 1987: 202, destaque nosso)

TRAMA E TEXTO

3. O escrever depende umbilicalmente do ler. Pode-se consultar quantos manuais de redação se quiser e freqüentar outros tantos cursos; pode-se também ficar sentado (admirando o pôr-de-sol ou o amanhecer) o tempo que se quiser, aguardando a inspiração ou utilizar qualquer outra estratégia. Sem leitura não haverá o necessário adensamento, pré-condição para o escrever.

4. Além de depender de muita leitura, o escrever, em grande parte, é uma habilidade treinável. Portanto, de pais e professores espera-se que encontrem formas de desafiar os alunos/filhos a cultivar esse hábito desde cedo. Assim como o exercício físico é uma prática saudável, tornando o corpo ágil, desperto, oxigenado, o desenvolvimento do hábito de escrever é uma' ginástica do intelecto' que vai possibilitando um amadurecimento, garantindo aquilo que os psicólogos chamam de prontidão. É preciso que se comece cedo a fim de evitar que continue configurando-se aquela situação mencionada por Jacoby (1990:13) a respeito dos professores norte-americanos, mas que pode ser aplicada à situação brasileira:

> "Um espectro ronda as universidades americanas ou, pelo menos, seu corpo docente: o enfado. Uma geração de professores entrou nas universidades em meados e no final da década de 1960, quando os _campi_ explodiam de tanta energia; hoje esses professores estão visivelmente entediados, se não desmoralizados". A esperança é que "este descontentamento subterrâneo poderá vir à superfície, para se reconectar à vida pública".

5. Por fim, uma pequena pista àqueles que estão na academia. Um bom exercício, para começar, é desafiar-se a colaborar com os chamados pequenos periódicos, sem esquecer os médios e grandes jornais e revistas. De um lado isso nos obriga a uma constante 'ginástica intelectual', imprescindível para pretender 'vôos mais altos'; por outro, estaremos disputando um espaço que precisa ser republicizado. Isso, longe de esgotar-se numa opção, é uma obrigação, afinal nosso salário (sem entrar no mérito da sua suficiência) advém dos impostos pagos por toda a população.

BIBLIOGRAFIA

ABRAMSON, M. et al. **História da idade média**. Barcelona: Editorial Estampa, s.d.

BOFF, Leonardo. **Igreja, carisma e poder**. 3a. Ed. Petrópolis: Vozes, 1982

DIERTZSCH, Mary M. M. Escrita: na história, na vida, na escola. **Cadernos de Pesquisa**. São Paulo, n. 71, p. 62-71, nov. de 1989

DUARTE Jr, João Francisco. **O que é realidade?** 8a. Ed. São Paulo: Brasiliense, 1991, Col. Primeiros Passos, n. 115

FRANCIS, Paulo. **Trinta anos esta noite. O que vi e vivi.** São Paulo: Companhia das letras, 1993

FREIRE, Paulo. **A alfaberização de adultos: é ela um que fazer neutro?** In: Educação e Sociedade. São Paulo: Cortez e Autores Associados, n. 1, 1978

— Entrevista. Caderno Mais. **Folha de São Paulo**, p. 8 e 9, 29 de maio de 1994

GALEANO, Eduardo. **Nascimentos. Memória do fogo** (1). 2 ed. Rio de Janeiro: Paz e Terra, 1983

GRAMSCI, Antonio. **Os intelectuais e a organização da cultura.** 3a. Ed, Rio de Janeiro: Civilização Brasileira, 1979

GUATTARI, Félix. **Fundamentos ético-políticos da interdisciplinaridade. Rev. Tempo brasileiro**. Rio de Janeiro, n. 108, p. 19 - 29, jan. - mar. 1992

JACOBY, Russell. **Os últimos intelectuais.** São Paulo: EDUSP & Trajetória Editorial, 1990

IANNI, Octávio. **A mentalidade do homem simples**. Mimeo

LONGHI, Solange M. **Pesquisa, função universitária: possibi-**

lidades na UPF. Universidade de Passo Fundo. Documento preliminar, mimeo.

MARX, K. & ENGELS, F. **Manifesto do partido comunista.** 6a. Ed. São Paulo & Rio de Janeiro: Global, 1986

— **O capital.** 11a. Ed., São Paulo: Difel, 1987, l.1, v. I.

MILAN, Betty. Derrida caça os fantasmas de Marx. **Folha de São Paulo.** Caderno Mais. São Paulo, p. 6 a 8, 26 de junho de 1994

ORLANDI, Eni. **Discurso & Leitura.** São Paulo: Cortez & Editora da UNICAMP, 1988

SARTRE, Jean P. O que é literatura?. São Paulo: Ática, 1986

SILVA, Deonísio da. **Censura:leitura guerreira em campo minado.** In: Tema. São Paulo, n. 18/20, p. 69-76, dez. de 1993

— **A propósito da censura no Brasil.** In: Anais da IV Jornada Nacional de Literatura. Universidade de Passo Fundo, 1993

VENTURA, Zuenir. **1968. O ano que não terminou.** 15a. Ed. Rio de Janeiro: Nova Fronteira, 1988

Lucídio Bianchetti
Formado em Pedagogia-Habilitação em Orientação Educacional pela Universidade de Passo Fundo, RS.
Mestrado em Educação pela PUC/RJ e doutorando em História e Filosofia da Educação pela PUC/SP.
Além de inúmeros artigos é autor do livro: **Comunidade e participação: uma experiência de Educação Popular,** publicado pela editora da Universidade de Passo Fundo, RS e é co-organizador do livro **Interdisciplinaridade: para além da filosofia do sujeito,** em parceria com Ari P. Jantsch, publicado pela Vozes, 1995

ESCREVER - UM ATO
DE LIBERTAÇÃO

João Geraldo Pinto Ferreira[1]

"Nada se cria, nada se perde, tudo se transforma". Assim Lavoisier, de forma concisa, resumiu cientificamente o que acontece no interior de um sistema energético.

A mesma verdade pode ser aplicada para compreendermos o funcionamento do complexo psico-emocional. Qualquer que seja o estímulo (externo ou interno) experimentado por um ser humano, ele implicará uma manifestação explícita ou codificada, através de nossas emoções.

Considerando que vivemos em relação com o mundo que nos cerca, é fundamental a comunicação das energias afetivas geradas no nosso psiquismo. Sem ela seria impossível viver e o universo inteiro sofreria as conseqüências do aprisionamento egoísta de qualquer espécie de sentimento.

São inumeráveis as formas e meios de que dispomos para comunicar aquilo que sentimos. Através da linguagem verbal, extra-verbal e até mesmo do silêncio, comunicamos aos que nos rodeiam os sentimentos nativos em nossos interiores. Não precisamos conhecer a língua de um homem de outra cultura para percebermos a dor que experimentou ao martelar um de seus dedos ou, pela manifestação de um sorriso, percebermos sua alegria.

A linguagem dos sentimentos é universal e, portanto, o elo mais perfeito e capaz de estabelecer ligações temporárias ou definitivas entre todos os seres viventes do planeta.

---

[1] Médico Psiquiatra Infanto-Juvenil e Analista Junguiano. São Paulo - S.P.

Entretanto, em função dos padrões culturais e dos modelos de educação a que somos submetidos, nem sempre é fácil conseguirmos comunicar aquilo que sentimos de forma objetiva e clara aos que nos cercam, nos momentos em que estamos experimentando qualquer tipo de sentimento.

Conhecemos as conseqüências dos sentimentos aprisionados (contidos ou reprimidos), que acabam por determinar uma enormidade de sofrimentos psíquicos e até na cristalização de doenças psicossomáticas que poderão chegar a corromper nossa estrutura de saúde física.

As energias contidas no nosso eu mais profundo acabarão por se exteriorizar de alguma forma, cedo ou tarde. Não importam os meios que utilizamos para tentar conter o mar imenso dos sentimentos, eles de manifestarão. Ainda que não consigamos, satisfatoriamente, a comunicação pela linguagem verbal, um dia, tal rolha de cortiça presa no fundo do rio - as emoções - virão à tona e não é pretensiosa a afirmação: aquilo que não foi dito sempre acaba sendo escrito.

Quantas vezes ouvimos: "resolvi escrever-lhe, pois sei que não teria coragem de lhe falar...".

A meu ver, é a escrita um dos mais eficientes métodos de comunicação e de liberação dos sentimentos, portanto, de alívio e de cura.

Ferdinand de Saussure (1857-1913) - fundador da moderna lingüística - afirma que a razão da existência da escrita é representar a linguagem. Diz ainda que a escrita materializa a revelação cortando o vínculo humano e substituindo-o por um imenso universo de signos, portanto a nível mais profundo, inconsciente.

Entendo que a escrita simboliza uma perda de presença, isto é, a escrita aparece quando a palavra foi embora ou quando não conseguiu ser exteriorizada. Escrevemos como se estivéssemos fazendo um grande esforço para encapsular o espírito e a inspiração; dessa forma, a escrita permanece como o símbolo da palavra ausente. Sabemos também que o "peso" daquilo que é escrito acaba assumindo uma importância maior e atingindo profundidade que raramente conseguimos através da linguagem verbal.

Para escrever nos obrigamos a um certo isolamento, nos distanciamos do mundo e mergulhamos para o interior de nós mesmos. Esse processo temporário de interiorização, como diz Saussure, corta o vínculo humano no sentido de maior participação racional e nos leva à liberdade de ser pelo encontro do si-mesmo e, em conseqüência, nos tornamos mais puros e verdadeiros, conseguindo expressar melhor aquilo que sentimos e que está no nosso inconsciente. Os sentimentos liberados sem tanta censura exteriorizam-se trazendo sensações de esvaziamento e de paz.

> *"Escrever é maldição. Uma maldição que salva - maldição porque obriga, como um vício do qual não podemos nos livrar, porque não há como substituí-lo. Escrever é também salvação.*
> *Salva a alma presa, o dia que vivemos e não conseguimos compreender plenamente, a não ser escrevendo. Escrever é tentar reproduzir o irreproduzivel..." (Clarice Linspector)*

Dentre todas as manifestações da escrita, uma delas eu acredito ser de suma importância: a correspondência. Por essa razão é que optei, como maneira de reafirmar tudo o que foi dito acima, por apresentar ao leitor parte das cartas e bilhetes escritos por minha filha primogênita e dirigidos a mim, desde seu primeiro bilhete escrito no início da alfabetização (7 anos de idade), até os dias atuais. Mantenho a forma original na apresentação com todos os erros (ou acertos?). Afinal, os sentimentos não conhecem regras gramaticais!...

Tento, assim, compartilhar a emoção experimentada ao receber e ler cada comunicação e solto no ar a possibilidade de cada um compreender, via razão, o mundo mágico da mente infantil.

CORRESPONDÊNCIA:

07.06.1981 - 7 anos de idade. Primeiro bilhete:
*"papai ole esta cata
eu gostumuitode vose
papai"*

18.10.1982
*"Pai nós agracemos a você sempre
nos cura feiz nós 4 muito felizes sabe
as vezes tinha raiva de voce no nosso
aniverssario voce tinque sair
para cuidar doentes
mais hoje não você
pai é o melhor para mim".*

08.03.1983
*"Amo você
Papai dia de seu aniverário
parabems
felisidades
Que seja um bom dia para você".*

04.06.1984
*"Querido papito, você é o maior
pai do mundo.
Não é encrenqueiro como alguns pais sabe.
Feliz eu você não acha!!!
Um beijão".*

19.07.1985
"*Como vais aí?*
Acho que já sei. Está uma vida corrida e cheia
de enternamentos, mas isto é bom
quem trabalha é sinal que tem saúde.
Aliás uma coisa que você tem de sobra e por
isto que seus clientes saram.
Não é pela medicina.
Ou melhor também mas a vida que você dá
a seus clientes é muito diferente.
Um beijão".

10.08.1986
Por saber-me estudioso e apaixonado por Jung, enviou-me:
Pai,
"Mas cedo ou mais tarde, a Física Nuclear e a
Psicologia do inconsciente se aproximarão. Matéria
e psique exitem no mundo e uma compartilha da outra.
Senão, qualquer ação recíproca, seria impossível". (Carl
G.Jung)
Um beijão.

1987 - Nenhuma correspondência. Silêncio! Danita mergulha fundo...

12.08.1988
"*A um grande pai...*
que briga, que bate, que xinga, que ama, que chora e que
sofre.
Que vive aprendendo e ensinando.
Um beijão grandão da sua filha mais velha
que briga com você,
que xinga você de tudo que é nome,
que te ama muito.

que chora muito quando você não está,
que sofre com seu sofrimento,
que vive aprendendo a viver a vida
com um velho meio jovem,
meio louco da cabeça,
que vive as mais loucas aventuras.
Um muito obrigado por ter-me posto no mundo,
muito obrigado ao paizão que faz questão de estar ao meu
lado.
Que este domingo seja um dos mais felizes com seu pai.
De sua filha rebelde que não tem culpa de ser assim,
mas que é assim e eu sei que você gosta muito de mim,
assim mesmo. O meu coração é seu".

21.07.1989 - 15 anos de idade.
"Pai,
resolvi escrever-lhe porque eu sei que não vou conseguir
lhe falar nada disso. (O grifo é meu).
1°.) - Desculpe-me pela agressão.
2°.) - Eu sei que é muito difícil admitir nossos erros,
principalmente quando a gente está se sentindo frágil
e cansado, mas você traiu a minha confiança duas vezes:
uma pela carta e a outra pelo amigo meu, pois você
não me contou quem falou aquilo.
Não consigo admitir que você nada me falou sobre tudo
isso como sempre fez. Claro que você deve ter seus
motivos,
mas eu também tive os meus para me sentir traida, afinal
você é meu pai.
Eu fiquei sabendo de tudo por outras pessoas e confesso
que senti muita raiva de você.
Meus sonhos e planos de encontrar meus amigos foram
desfeitos e você não estava em São Paulo para gente
poder conversar,
então eu engoli tudo.
Cheguei com muita raiva da viajem e só pensava em brigar

com você, mas eu não sabia que as coisas haviam mudado
aqui em casa, aí aconteceu de eu lhe agredir.
Agora, sabendo de todos os detalhes que ocorreram,
eu reconheço que errei e você também.
Mil desculpas. Eu só queria dizer que te amo, que o
entendo e que da próxima vez eu pensarei melhor antes
de dizer qualquer coisa.
Um beijo de sua filha mais velha que é igual a você, erra
mas aprende, teima mas consegue.
E não se esqueça:
"A paz é o tranquilo sorriso interior
de quem está certo de estar certo".
Beijos.

12.11.1990
Pai, li no caderno de uma amiga e copiei para te enviar:
"Existe uma lenda áurea de um pássaro que só canta
uma vez na vida, com mais suavidade que qualquer outra
criatura sobre a Terra. A partir do momento em que
deixa o ninho, começa a procurar um espinheiro e só
descansa quando o encontra. Depois, cantando entre
os galhos selvagens, empala-se no acúleo mais comprido.
E, morrendo, sublima a própria agonia e despende um
canto mais belo que o canto da cotovia e do rouxinol.
Um canto superlativo, cujo preço é a existência.
Mas o mundo inteiro pára para ouví-lo, e Deus sorri
no céu. Pois o melhor só se
adquire à custa de um grande sofrimento... Pelo
menos é o que
diz a lenda".
Mando-te beijos.

19.11.1991 - Um ano após:
"Pai, encontrei a continuação da lenda. Aí vai:
"O pássaro com espinho encravado no peito segue uma lei

imutável;
impelido por ela, não sabe o que é empalar-se, e morre cantando.
No instante em que o espinho penetra não há consciência nele do morrer futuro; limita-se a cantar e canta até que não lhe sobra vida para emitir uma única nota. Mas nós, quando enfiamos os espinhos no peito, nós sabemos. Compreendemos, e assim mesmo o fazemos. Assim mesmo o fazemos".
Um grande beijo. Ia me esquecendo, esses escritos são do livro "Passáros Feridos". Não me lembro o nome do autor.

09.10.1992
Pai, estou lhe enviando esses pensamentos, pois sei que você gosta e até precise deles, talvez. Tenho certeza que o seu projeto
(livro) vai ser muito útil para todos.
"Um personagem é um filho nascido (de um sonho egoísta?) no canto da sala. Ou então, é apenas um ponto da almofada que de mentirinha foi virando lua, foi virando jambo, foi virando
Beto, foi virando Vera, que virou verdade". (Marilene Filinto).

"O mito é o sonho público, e o sonho é o mito privado".
(Joseph Campbell)

"Símbolos. Tudo símbolos...
Se calhar, tudo é símbolos...
Será tu um símbolo também?
Então todo mundo é símbolo e magia?
Se calhar é ...
E porque não há de ser"?"
(Fernando Pessoa)

LEITURA CRÍTICA • ESCRITA CRIATIVA

20.01.1993 - Em resposta a uma carta que lhe escrevi:
"*Pai,*

Obrigado pela canção de amor em meio a tantas angústias, medos, frustrações, todas voltadas para o amanhã. A sua canção ajudou-me a viver por alguns instantes o momento atual.

Eu gostaria de escrever-lhe a minha canção de amor, mas acho que agora não dá. Ela seria de agradecimento a você, não por ser meu pai, homem... apenas por existir e mostrar-me que realmente a vida é um palco, onde nem sempre as melhores peças são as que obtem maior êxito.

É realmente uma pena que muitos não consigam olhar para dentro de si mesmos e ouvir os cantos próprios ou alheios. Talvez essas pessoas não tiveram como eu, um pássaro mestre que me ensinou a cantar e sobretudo a ouvir, mesmo com um espinho cravado no peito.

A impressão que tenho é que nossa distância física é enorme. Acho que é pelo momento que estou vivendo e pela nossa situação familiar atual. Não tenho a menor idéia de como será daqui para frente, mas saiba que todo dia ao deitar-me e ao levantar-me, abrindo e fechando a janela, eu consigo ouvir seu cantar.

Às vezes não entendo direito as notas que você emite, mas ouço e as guardo no fundinho do meu coração, pois sei que um dia, quando a vida tiver me ensinado mais, eu poderei compreender-lhe melhor.

Nesse dia, eu sei, não importa o arvoredo em que estivermos pousados, poderemos cantar a mesma canção. Enquanto esse dia não chega, continuo aprendendo mais e mais, vivendo intensamente, para que eu possa dizer que vivi e fiz parte da lenda de um grande homem, você!

Envio-lhe essa canção sem rimas e feridas para que seja uma espécie de proteção para toda sua vida, pois você entende os meus sonhos.

Viva em paz meu pai o tempo que sua canção durar. Não tenha medo do futuro, do escuro ou da hora de acordar. Conte sempre comigo, essa filha rebelde que tanto o ama.

Obrigado mais uma vez. Te amo muito.
P.S. - Não sei se tenho um espinho cravado no peito, não me lembro de ter sentido nenhuma dor como a que você sente. Talvez ainda não seja a hora de sentir"...

* _ * _ *

Dentre tantas cartas e bilhetes escritos por ela, não saberia explicar porque escolhi essas que lhes apresentei, uma de cada ano de sua vida, dos sete aos dezenove anos.

Quantas perguntas me sobem à mente ao relê-las e acredito que o mesmo acontecerá com os leitores. Quantas sensações e emoções elas nos determinam!

O que leva um ser humano a escrever?

Que objetivos secretos pretende alcançar e que alvos, em tantos corações, pretende atingir?

Poderia usar páginas e páginas para explicar-lhes o significado dos símbolos que ela utilizou e que sentimentos em mim suas comunicações geraram.

Poderia também detalhar, teoricamente, explicações a respeito das fases evolutivas que ela vivenciou em cada ano de sua vida que tanto me enriqueceu. No entanto, não creio que isso pudesse trazer maiores contribuições a respeito da importância da escrita.

Se o ato de escrever, a meu ver, é uma das melhores formas de que dispomos para liberar e comunicar sentimentos, fiquemos apenas com a emoção que a correspondência nos impõe.

O conjunto de cartas e bilhetes, por si só, é um inabalável argumento.

Juntos, através da troca entre nós de uma montanha de comunicações, escrevemos um enredo, uma história, a história da nossa relação e, portanto, da nossa vida. E contra a vida não há argumento!

Correspondência!

Ritual que concretiza o mito humano do relacionar-se, inteira, profunda, afetiva e verdadeiramente.

Eu sinto-me um privilegiado, pois através de seus escritos singelos e maravilhosamente profundos, fartamente me alimentei e continuarei alimentado por todo o sempre. Ainda que o fogo destrua o arquivo particular onde guardo a correspondência dela e das outras três filhas, nada poderá destruir os sentimentos guardados no cofre secreto do meu coração. Se agora o escancaro é porque necessito vazar toda essa emoção e além disso, para reafirmar neste trabalho, a importância da escrita. Os escritos sempre nos permitem voar de volta nas asas do tempo para experimentar novamente vivências que a vida deixou para trás.

* - * - *

Recentemente uma amiga, muito querida e especial, escreveu-me em resposta a uma carta que lhe enviei:

> "Quero retomar a correspondência, porque ela não existiu em vão e, se foi importante, continuará sendo e as palavras não precisam ser muitas.
> É o caso da última mensagem que você me enviou. Adorei! Fiquei feliz, pois você me presenteou com um instante de poesia, momento mágico, que a sensibilidade capta e as palavras transformadas, transformam em ritmo. É o momento da plenitude no vigor das palavras. É aquela luz que vem de dentro, e para ser perceptível adquire a forma e o som da palavra e do vazio necessário.
> Pois bem, que não seja a última, porque a voz do poeta tem que ser ouvida. Quero ouvi-la mesmo no silêncio do papel, no vazio das vozes. Não quero mais a ruptura. Se ela foi necessária teve seu tempo de duração. Viva a palavra! Vivam as palavras nas vozes, nos papéis, nos silêncios. Firam, abrandem, suavizem, marquem, demarquem,

choquem, alegrem, mas existam. Sem elas o caos se consolida! Também não quero escolhê-las. Não quero que você escolha; ninguém escolha. Mas soltem a força que tem e atinjam ao interlocutor próximo ou não.

Se elas são pontes que o sejam para todos, para tudo. Se elas são começo e fim, que recomecem já, a partir deste momento. Do instante da lembrança e da coragem da concretização".

Também creio ser desnecessário qualquer comentário a respeito deste trecho da carta. As palavras e os sentimentos dizem tudo e se materializam num ato de libertação.

Dani, minha filha.

Cida, minha amiga.

Ao final deste trabalho, um pedido: que elas sejam compreendidas como co-autoras destes escritos.

Sem elas minha existência perderia muito em beleza e magia.

João Geraldo Pinto Ferreira
Graduado em Medicina pela Faculdade de Medicina da Universidade Estadual de Londrina, PR; pós-graduado em psiquiatria pelo Centro Integrado de Saúde Mental de Marília. Título de Especialista outorgado pela Sociedade Brasileira de Psiquiatria e Sociedade Paranaense de Psiquiatria - Associação Médica Brasileira. Especialização em Psiquiatria Infanto-Juvenil na Clínica "Enfance" de São Paulo. Atua em clinica privada como analista jungiano. Membro efetivo da Sociedade Brasileira de Médicos Escritores (São Paulo).

A ESCRITA NUMA PERSPECTIVA TEXTUAL E A CONCEPÇÃO DIALÉTICA DA LINGUAGEM

Dercy Akele[1]

Introdução

O presente trabalho tem como ponto de partida a modalidade escrita da língua materna. Entretanto, não se restringe à escrita, muito menos à modalidade escrita da língua materna. Melhor dizendo, o presente trabalho se ocupa da linguagem. Objetivamos, de forma mais precisa, apontar, resenhadamente, até que ponto as pesquisas lingüísticas européias e americanas interferiram favoravelmente no ensino das línguas, no que diz respeito à exposição escrita. A nossa contribuição, de fato, repousa na segunda parte deste trabalho, que se ocupa da Lingüística Textual, propriamente dita, relacionando-a com a concepção dialética da linguagem.

A história do nosso objeto

Em primeiro lugar, faremos algumas considerações sobre a questão da **oralidade,** considerada aqui também como fala, e da **escrita.** A língua materna é composta por esses dois tipos de exposição lingüística. Câmara (1983:15) caracteriza a primeira como uma habilidade que implica o sentido auditivo para a comunicação, e a segunda, o sentido visual; em outras palavras, na comu-

---

[1] Dercy Akele, professora de Língua Portuguesa e Prática de Ensino de Português da Universidade de Santa Cruz do Sul, RS, 1993.

nicação escrita, os fonemas que constituem a linguagem passam a ser evocados mentalmente por meio de símbolos gráficos.

Há, portanto, estreita relação entre ambas. Porém, se considerarmos o aspecto de prestígio social, o seu caráter de permanência[2] e pouca efemeridade, a modalidade escrita assumiu, no decorrer de sua história, uma importância relevante. Entretanto, para se compreender a natureza e o funcionamento da linguagem, é preciso partir da oralidade para se chegar à escrita.

No período clássico, o oral só era relevante quando imitava os moldes da escrita padrão, chegando a constituir-se em disciplina, então denominada RETÓRICA. Considerando-se o mundo das Letras, a escrita teve primazia até a corrente estruturalista - a mais antiga das tendências lingüísticas. A partir de Saussure (1916) e seu **Cours de Linguistique Générale**, veicularam-se duas posições teóricas: a) a **tendência européia,** representada por Saussure, Troubetzkoy, Martinet, Jakobson e outros[3], que defendia a língua como um **instrumento de comunicação** e enfatizava que "no sistema de uma língua natural as relações têm precedência sobre os termos entre os quais se estabelecem" (Apud Ilari, 1985). Temos aí uma nova concepção de língua que questiona a gramática prescritiva, em alguns de seus conceitos, pela falta de sustentação em sua base, como também resgata a importância do oral, fazendo a descrição do fato lingüístico tal como é usado pelos falantes em um dado momento histórico ou situação. Os lingüistas dessa tendência se detiveram mais às teorizações do que às descrições propriamente ditas; b) a segunda posição teórica do estruturalismo é a **tendência americana,** representada por Bloomfield que forneceu a metodologia das primeiras descrições. A crítica mais contundente feita a essa corrente diz respeito ao fato de seguir a teoria behaviorista do condicionamento verbal de Skinner que não dá conta da aquisição e do uso criativo da língua. Não obstante, suplantou o empirismo

---

[2] O caráter de permanência é designado também como "durabilidade" por Sérgio Schaefer no seu trabalho (que se encontra presente nesta coletânea) "A Escrita e a Superação do Senso Comum".

[3] Saussure, Troubetzkoy, Martinet, Jakobson...pertenciam à Escola Européia de Praga.

da Gramática Tradicional, atribuindo relevância à fala e questionando os conceitos de "certo/errado" em termos lingüísticos.

Em 1957, Noam Chomsky pretendeu dar um salto qualitativo no progresso científico das línguas. E, para criar uma gramática universal, recorreu ao pressuposto racionalista de Descartes, às posições dos monges da Escola de Port-Royal e a Humbold, que se assentam na teoria racional-formalista. Na orientação que se inspira em Chomsky, a língua assume o sentido técnico de "conjunto de seqüências de expressões que um falante ideal aceitaria como bem formadas". Em outras palavras, um conjunto de regras capazes de delimitar matematicamente esse conjunto para uma determinada língua natural. Essa corrente, denominada gerativo-transformacional, teve como preocupação os aspectos sintáticos da língua, relegando a um segundo plano os fenômenos da fonologia e da semântica. Ora, analisar a língua nessa perspectiva é fragmentá-la em sua natureza, o que só se pode aceitar para investigação. Ao ensino, pouca contribuição ficou, uma vez que a preocupação era com a competência e não com o desempenho. Quando Chomsky falava que o falante nativo era capaz de "gerar" um número infinito de orações, não era no sentido de **criar** ou **produzir**, mas no sentido matemático de "dar conta de". Como sabemos, uma regra só pode dar conta de orações de um determinado tipo; logo, as orações que não se encaixavam em seu diagrama (árvores sintagmáticas) não eram de seu interesse. Também não se ocupou das modalidades fala/escrita. Ocupou-se, porém, com a escrita dentro do limite da frase, ou seja, no limite sistêmico de regras.

Uma tendência posterior, procurando superar as limitações da gerativo-transformacional, lançando desafio aos modelos puramente matemáticos, é a que investiga as áreas em que o sujeito falante, enquanto ser social, é o principal protagonista do ato de fala. São os estudos das disciplinas afins, como a Sociolingüística, a Psicolingüística e a Pragmática.

Em síntese, o que verificamos nas tendências lingüísticas anteriormente mencionadas é que são distintas - embora se embasem todas num mesmo tronco: o da Gramática Tradicional Clássica - por vezes antagônicas e lacunares, no sentido metodológico, por apresentarem formas incompatíveis para se trabalhar o fato lingüístico numa visão totalizante de língua, e numa linha produtiva de ensino. Ilari (1985:70) corrobora essa idéia, afirmando que

> "...as abordagens estruturais supõem uma filosofia científica, segundo a qual a ciência é o registro compacto de observações feitas a respeito do maior número possível de fatos examinados. Essa concepção de ciência desemboca num método que consiste em levantar corpora de exemplos atestados, que o lingüista trata a seguir indutivamente, de modo a captar as regularidades dos mesmos; ao contrário, a gramática transformacional e a maioria das orientações que debatem com ela exigem como condição de cientificidade que a teoria assuma um caráter dedutivo, rejeitando como viciado qualquer levantamento de corpora".

Ilari aponta a redução metodológica indutivista do estruturalismo, bem como a redução metodológica dedutivista da tendência gerativo-trasnformacional. A nosso ver, é necessário superar essas reduções na lingüística. Tal superação é pretendida numa concepção dialética da linguagem e na prática social dos intelectuais e educadores que assumem essa concepção.

Essas tendências, excluindo-se a concepção dialética, invadiram nossas escolas, tanto no ensino secundário, como no superior, confundindo, na maioria das vezes, a compreensão do professor, cuja formação acadêmica se assenta, hegemonicamente, na linha clássica da Gramática Tradicional que prioriza o ensino metalingüístico, dando ênfase ao estudo de palavras e frases no aspecto morfológico e sintático. Embora o professor tenha uma visão sincrética da linguagem, evidencia uma concepção positivista no ensino de língua.

Não obstante as polêmicas causadas no ensino, temos que admitir que elas alteraram sobremaneira o curso dos estudos sobre a linguagem. A oralidade, negligenciada na tradição gramatical, tem hoje um espaço privilegiado nas pesquisas lingüís-

LEITURA CRÍTICA • ESCRITA CRIATIVA

ticas, a ponto de influenciar potencialmente a escrita. A escrita, hoje, não é só vista numa perspectiva imanentista, mas como produto de interação, do **input lingüístico**. O modelo interacionista hoje tão propalado, principalmente em estudos sobre a aquisição da linguagem, tem como uma de suas bases o inatismo chomskiano, segundo o qual o homem nasce com algum tipo de estrutura cognitiva que lhe permite interagir com os objetos de seu ambiente e deles extrair significado. Partindo desse pressuposto, podemos inferir que as modalidades fala/escrita, sendo objetos desse ambiente construído, serão apreendidas de forma social. Esse modelo veicula uma nova concepção de língua, pois considera o contexto situacional como determinante para o contexto lingüístico da fala, na aquisição da linguagem, e causal para a produção escrita.

Paralelo aos estudos da Aquisição da Linguagem, surgem os estudos voltados para o texto e/ou análise do discurso, denominados, em sua fase inicial, por Lingüística Transfrasal, cuja preocupação era descrever os fenômenos sintático-semânticos entre enunciados ou seqüência de enunciados, concepção essa ainda conservando resíduos da estrutural e gerativa. Na década de 70, é dado o primeiro impulso de investigação sobre o texto, tomado como produto de enunciação que se constrói em termos de coesão e coerência. Hjelmslev (1975:19) afirma haver indícios de que a lingüística textual tenha origem em obras clássicas, quando fala sobre o objetivo da teoria da linguagem: "A Teoria da Linguagem se interessa pelo texto, e seu objetivo é indicar um procedimento que permita o reconhecimento de um dado texto por meio de uma descrição não contraditória e exaustiva do mesmo". O texto não foi negado, mesmo anterior a esse período; no entanto, as investigações não avançaram, pois, no momento em que se ultrapassasse o limite da frase, perder-se-ia o domínio do lingüístico, o que não era do interesse dos lingüistas da época, além do que não se teria a garantia de que uma nova teorização desse conta da língua em sua totalidade.

O primeiro impulso em direção ao texto, como objeto de estudo, aparece com J.S. Petöfi (Univ. de Constanza) e Van Dijk (Univ. de Bielfeld,1972), vindo a se expandir e ganhar corpo mais

133

notadamente na década de 80. A partir dos fenômenos lingüísticos, inexplicáveis pelas gramáticas de frase - uma vez que um texto se constitui não de frases aleatórias isoladas, mas de uma unidade lingüística coesa e coerente, a(s) teoria(s) de texto objetiva(m) apresentar os princípios de constituição de um texto em determinada língua.

A Lingüística de Texto, mais denominada de Teorias de Texto, dada à amplitude de seu campo de investigação e à diversidade de seus enfoques, não se restringe ao texto no seu ambiente textual e situacional, mas reivindica o domínio dos fatos lingüísticos, e um conhecimento das relações entre esses fatos, bem como das situações extralingüísticas. Portanto, o seu objeto de estudo se ocupa com a língua nos limites do imanente e transcende para o plano semiótico. Marcuschi conceitua a Lingüística Textual, afirmando o seguinte:

> *"Proponho que se veja a LT, mesmo que provisória e genericamente, como o estudo das operações lingüísticas reguladoras e controladoras da produção, construção, funcionamento e recepção de textos escritos ou orais. Seu tema abrange tanto a coesão superficial ao nível dos constituintes lingüísticos, como a coerência conceitual ao nível semântico e cognitivo e o sistema de pressuposições e implicações ao nível pragmático da produção de sentido no plano das ações e intenções"* (Marcuschi, 1983: 8-9).

Esse autor conceitua a Lingüística Textual lato sensu, fornecendo inúmeras possibilidades de investigação. Propõe uma visão de texto no nível intra e extralingüístico e, nesse, abre um leque de alternativas para se conceber o texto.Tanto a catalização de idéias, no aspecto da recepção, como a extrapolação de idéias, na produção, as inferências e pressuposições, acrescidas dos elementos de coesão lingüística, vão receber favorável aceitação no setor pedagógico que, entre outros, objetiva um reflexivo e criativo ensino da língua materna.

Enfim, com base na Lingüística Textual, intelectuais e educadores começam a conceber diferentemente o mundo da linguagem verbal, envolvendo as atividades da leitura, da escrita, da docência, da pesquisa e outras. A nossa hipótese é de que a Lingüística Textual se constitui, historicamente, em um dos subsídios da concepção dialética da linguagem.

A lingüística textual e a concepção dialética da escrita

Inicialmente citaremos os conceitos de coesão e coerência que, a nosso ver, são ilustrativos a respeito da evolução da Lingüística para a concepção dialética da linguagem e, no interior dessa, da atividade da escrita. Os termos coesão e coerência surgiram com a Lingüística Textual, nas décadas de 60-70, na Europa, para caracterizarem os critérios de textualidade; isto é, o que distingue um texto de um não-texto tem a ver, dentre outros critérios, com coesão e coerência. No entanto, faremos, apenas, um apanhado sucinto sobre os enfoques das teorias de texto relativos a esses dois critérios, buscando refletir, a partir deles, a objetivação histórica da concepção dialética da atividade da escrita.

Dentre as várias tendências investigatórias do texto, vamos mencionar três, cotejando-as e extraindo delas somente o que possibilitar maior sustentação à análise do objeto em questão. Adiantamos que a nossa postura, nesta análise, prioriza uma visão totalizante de Língua, sem negar a existência e importância dos aspectos formais (coesão), nem tampouco reduzindo-a a esses aspectos. O conteúdo tem centralidade na língua, ou, mais abrangentemente, na comunicação. Isso não autoriza, por outro lado, abdicarmos da formalidade. Essa não abdicação, por sua vez, não permite que a olhemos em si mesma, já que não existe forma do nada.

Os estudiosos Beaugrande e Dressler (1981) afirmam que a coesão e a coerência são fatores de textualidade centrados no próprio texto e apresentam mais cinco fatores centrados no usuário, os quais não serão mencionados, uma vez que não nos interessam neste trabalho. Para esses autores, a coesão diz respeito aos processos de seqüencialização que asseguram uma ligação lingüística significativa entre os elementos que ocorrem na superfície textual. Com relação à coerência, eles afirmam ser ela a responsável pela continuidade dos sentidos no texto, enfatizando não só o conteúdo proposicional dos enunciados, mas também os elementos de esquema, "background". centrados no leitor, responsáveis pela coerência.

Halliday e Hasan (1976) tentaram aprofundar a questão da coesão/coerência. Sucintamente podemos dizer que eles definem a coesão como sendo as relações de como o texto está construído semanticamente. Fazem ainda uma distinção entre coesão gramatical e coesão lexical. Em outras palavras, a coesão é uma relação semântica entre um elemento lingüístico no texto e um outro necessário, que denominam "ties" (laços, nós), para a sua interpretação. Quanto à coerência, Halliday e Hasan a denominam textura, caracterizando-a como a qualidade de um texto ser texto, isto é, "funciona como uma unidade que leva em conta o ambiente que envolve o próprio texto" (Halliday e Hasan apud Carrel, 1982). Para eles essa textura diz respeito ao grau de coerência que inclui componentes interpessoais. Resumindo, a "coerência" manifestar-se-ia em dois níveis: a) no contexto de situação, portanto, consistente em REGISTRO; b) no contexto lingüístico, portanto, coerente na coesão.

Com relação à teoria da coesão, Halliday e Hasan receberam muitas críticas, expressas em Carrel (1982), dentre as quais destacam-se as do grupo Hagerup que argumenta ser de pouca relevância a coesão lingüística para a textualidade, dado que "a ausência de conetivos não causa danos sérios na compreensão, porque os leitores são normalmente capazes de fazer pontes de inferência" (p.19).

Reforçando essa posição, Steffensen (apud Carrel, 1982), após estudos comparativos entre laços coesivos e o "background" do conhecimento cultural no processo dos leitores, concluiu que há necessidade de o leitor ter acesso ao "background" subjacente ao texto para que possa considerar um texto como coerente. Isso implica afirmar que a coesão não é imprescindível à coerência de determinado texto.

A crítica mais relevante sobre o mecanismo "coesão" nos parece a de Morgan e Sellner (apud Carrel, 1982), que argumentam ser um erro construir laços coesivos como causa.

Como se pode depreender das falas dos lingüistas aqui referidos, é uma tentativa infrutífera analisar a coerência a partir da coesão lingüística. Referindo-se ao outro nível, que eles denominam REGISTRO, parece-nos menos problemático, porque Halliday e Hasan o vêem como

> *"resultado da combinação de configurações semânticas associadas a classes específicas de contextos de situação e que definem a substância do texto: o que ele significa, no sentido mais amplo, incluindo todos os componentes de seu significado social, expressivo, comunicativo, representacional, etc."* *(Halliday e Hasan, 1976:26)*

Os autores, aqui, admitem já a importância do conteúdo, mas o deixam ainda muito dependente da forma, dando a entender que a coerência é efeito da coesão. Aí torna-se sintomático o termo REGISTRO - preso ao formal - ao invés de coerência, que diz mais respeito à lógica ou ao sistema de idéias de um texto, ou, melhor ainda, ao pensamento expresso num texto.

Revendo *en passant* o último teórico que nos parece mais próximo de nossa abordagem, vamos nos referir à teorização de Charolles (1978), que, sem mencionar o termo **coesão**, postula a textualidade através de uma dupla lateralidade: a coerência microestrutural e a coerência macroestrutural através de metarregras. Segundo ele, há uma estreita relação entre coerência e linearidade textual, quando afirma: *"não se pode questionar a coerência de um texto sem se levar em conta a ordem em que aparecem os elementos que o constituem"* (Charolles, apud Bastos, 1982).

Quando o autor se refere à linearidade do texto, ele admite o aspecto formal como necessário na relação com a "coesão" microestrutural - que se refere aos recursos morfológicos e sintáticos - e, por outro lado, à coerência textual, pela unidade de significação e pela situação de interlocução. Charolles tem uma visão de língua que não separa conteúdo e forma. Inscreve-se, aí, portanto, numa concepção dialética da comunicação.

Percebe-se, pelos autores citados, que não há consenso quanto à distinção entre os princípios da coesão/coerência e/ou unidade. Os autores trabalhados neste texto os reconhecem como distintos, dado o aspecto formal da coesão, mas discordam de seu caráter necessário e suficiente como princípio que constitui a textualidade. Para Widdowson a diferença se dá na articulação entre esses dois níveis:

> "(...) havendo coesão é possível inferir os atos ilocucionais a partir das ligações proposicionais indicadas explicitamente; havendo coerência, deduzimos as ligações proposicionais implícitas a partir de uma interpretação dos atos ilocucionais" (Widdowson, apud Bastos, 1985).

Essa posição é a que nos parece mais adequada para uma visão de totalidade de língua. Concebemos a coerência e a coesão como mecanismos responsáveis por uma unidade textual, porém com **traços** distintos, relacionados à forma e ao conteúdo. Contudo, forma e conteúdo não são separados, se tivermos como base a concepção dialética da linguagem. Nesse sentido, coesão e coerência, embora distintas, não chegam a constituir elementos autônomos. Nessa mesma linha, sem negar a distinção natural e imanente de ambas, Charolles afirma que:

> "(...) não é possível tecnicamente operar uma divisão rigorosa entre as regras de porte textual e as regras de porte discursivo. As gramáticas de texto rompem as fronteiras, geralmente admitidas entre a semântica e a pragmática, entre o imanente e o situacional, donde, do nosso ponto de vista, a inutilidade de uma distinção coesão/coerência que alguns propõem, baseando-se justamente na divisão precisa entre esses dois territórios" (Charrolles, apud Bastos, 1982).

Dentre os teóricos aqui citados, Charolles faz, pois, menção à falsa questão que é a separação coesão/coerência, além de explicitar a presença de elementos do discurso (metarregras de repetição e progressão), bem como as relações do texto com o contexto (metarregras de não-contradição e relação), conforme análise feita por Bastos (1982).

Charolles evidencia uma concepção mais aberta, que possibilita o afastamento do puro formalismo que se faz presente, muitas vezes, nos estudos lingüísticos e seus desdobramentos. Podemos considerar essa concepção como buscando assumir uma abordagem dialética que implica ver a linguagem no seu movimento processual, dentro de uma totalidade, cheia de multideterminações e de partes que se inter-relacionam e "ganham" sentido na totalidade. Nessa visão, não se pode separar ou isolar texto e contexto, forma e conteúdo, enunciado e enunciação, significado e significante e, enfim, **coesão e coerência**. Embora possamos admitir elementos que possivelmente se distinguem, dado que a língua se estrutura também como um sistema, não podemos assumir os elementos como autônomos, uma vez que esses só têm sentido dentro de uma totalidade.

A nosso ver, o que mais tem levado os lingüistas a assumirem uma concepção formalista, ignorando a dialética, é a **reificação** da linguagem, da língua e de seus elementos constitutivos. Falamos da reificação que, segundo Berguer & Luckmann (1990: 122),

> *"é a apreensão dos fenômenos humanos como se fossem coisas, isto é, em termos não humanos, ou possivelmente super-humanos (...) é a apreensão dos produtos da atividade humana como se fossem algo diferente de produtos humanos, como se fossem fatos da natureza, resultados de leis cósmicas ou manifestações da vontade divina. A reificação implica que o homem é capaz de esquecer sua própria autoria do mundo humano, e mais, que a dialética entre o homem, o produtor, e seus produtos é perdida de vista pela consciência. O mundo reificado é por definição um mundo desumanizado".*

Em se tratando de linguagem, ela é, muitas vezes, assumida como uma **coisa**, imaginada como externa ao **movimento** humano que traz imanente a linguagem. O exemplo mais ilustrativo disso são as análises lingüísticas que se ocupam da coesão textual, como algo separado da coerência e mormente como anterior e causal da coerência. Essa concepção reduz um texto à sua formalidade e, na sua exacerbação, vê a forma como **totalidade** da comunicação, como se nela pudesse estar todo o conteúdo que a comunicação expõe.

A forma pode constituir-se também em conteúdo. Mas isso não autoriza qualquer redução, nem a tese de anterioridade da forma ao conteúdo. É imperativo assumirmos, neste caso, o conteúdo e a forma como interdependentes no **processo** de comunicação ou na **atividade** de linguagem. As características de **processo e atividade** não permitem que reifiquemos a linguagem, muito menos qualquer dos seus elementos constitutivos, tais como **a coesão e a coerência**. Só as análises que assumem uma concepção formalista (conscientemente ou não) podem separar conteúdo e forma, teoria e prática, signo e significante e, no nosso caso, **coesão e coerência**.

A forma só se torna importante na medida em que inferir conteúdo ou participar da construção de um conteúdo. Assim, não se dispensa a forma, mas jamais se concebe essa dissociada do conteúdo. Se separarmos conteúdo e forma, passamos a separar também coesão e coerência. Consideramos, por outro lado, que o fato de a **coesão e a coerência** se interpenetrarem, não quer dizer que haja um modo permanente, fixo, estável de interpenetração, muito menos se cogita uma eqüitatividade, nem uma igualdade matemática simples entre esses dois elementos num processo de comunicação, seja oral, escrito ou cênico.

Partindo de uma concepção dialética da linguagem e assumindo, conseqüentemente, a categoria da totalidade, torna-se imperativo a não separação entre conteúdo e forma e entre coesão e coerência em qualquer texto. A lingüística textual tem assumido progressivamente essa concepção de linguagem. De nossa parte, procuramos participar desse movimento coletivo.

BIBLIOGRAFIA

ARNAULD, Antoine. **Gramática de Port-Royal.** tradução Bruno F. B. & Henrique Graciano Murachco. São Paulo: Martins Fontes, 1992.

BASTOS, L. k. X. **Coesão e coerência em narrativas escolares escritas.** São Paulo: UNICAMP, 1985.

BEUAGRANDE, R. & DRESSLER, W. **Introduction to text linguistics.** Londres: Longman, 1983.

BERGER, P. I. & LUCKMANN, T. **A construção social da realidade.** Petrópolis: Vozes, 1990.

CARREL, L. P. **Cohesion is not coherence.** Thesol Quaterly, 16(4): 479-488, dez 1982.

CASTILHOS, Ataliba T. de. **Gramática do português falado.** São Paulo: UNICAMP/FAPESP, 1990.

CAMARA, Jr. Mattoso J. **Manual de expressão oral e escrita.** Petrópolis: Vozes, 1983.

CHAROLLES, Michel. **Introduction aux problèmes de la cohérence des textes.** LANGUE FRANÇAISE, Paris VI ed. 38-7-41 Mai, 1978.

HALLIDAY, M. A. K. & HASAN, R. **Cohesion in English.** London: Longman, 1978.

HJELMESLEV, L. **Prolegômenos a uma teoria da linguagem.** Belo Horizonte: Perspectiva, 1975. Coleção Estudos, n.43.

ILARI, Rodolfo. **A lingüística e o ensino da língua portuguesa.** São Paulo: Fontes, 1985.

KATO, Mary A. **No mundo da escrita - uma perspectiva psicolingüística.** São Paulo: Ática, 1986.

KOCH, I. V. **A coesão textual.** São Paulo: Contexto, 1990.

KOSIK, Karel. **A dialética do concreto**. Rio de Janeiro: Paz e Terra, 1976.

MARCUSCHI, Luiz Antonio. **Lingüística de texto: o que é e como se faz**. Recife: UFP, 1983.

WIDDOWSON, H. G. **Un approache communicative de l'ensignement des langues**. Paris: Hatier, 1981.

Dercy Akele

Graduada em Letras-Português/Inglês pela FISC (Santa Cruz do Sul-RS).

Mestranda em Lingüística - UFRGS, Porto Alegre - RS.

Professora na Universidade de Santa Cruz do Sul - UNISC (Santa Cruz do Sul - RS).

O CHAMADO FRACASSO ESCOLAR E A APRENDIZAGEM DA LÍNGUA ESCRITA

Silvia Zanatta Da Ros[1]

Ele não aprende!

Esse é o enunciado da apresentação! Da representação, na verdade. Daquele aluno que, pela terceira ou quarta vez, olha para as letras, para o "ponto" de Ciências, como se ambos, ele e o objeto do conhecimento com o qual se defronta, fossem estranhos um ao outro. Na fala de alguns pais, professores e especialistas, no caderno, na nota, de novo e muitas vezes, a representação da impossibilidade de conhecer o conhecimento da escola. De um olhar com significado de saber não-significado e, portanto, de saber que não pode ser apropriado por ele. Esse fato se faz grande ao depararmo-nos com informações denunciadoras que dizem do alarmante índice de reprovação de alunos nas séries iniciais do 1º Grau (cerca de 30%)[2], caracterizando o chamado fracasso escolar, ou de crianças rotuladas como portadoras de dificuldades relacionadas à aprendizagem, o que tem sido justificado de diferentes maneiras, acarretando, também, diferentes práticas pedagógicas que objetivam "resolver o problema".

A escola, o professor, o aluno, o método constituíram-se em objeto de muitas pesquisas e publicações centradas na especificidade ora de um, ora de outro desses "elementos" em si,

---

[1] Professora no Departamento de Estudos Especializados em Educação do Centro de Educação da Universidade Federal de Santa Catarina

[2] Brasil. Ministério da Educação. Coordenação de informações para o planejamento. Sinopse Estatística do ensino regular de 1º grau: 1989. Brasília, 1992.

sendo descurada, muitas vezes, a totalidade das relações das quais derivam o chamado fracasso escolar. Ao estudá-lo como um fenômeno, como um sintoma, desviou-se do enfrentamento mais amplo da questão. Impôs-se uma visão que nos impede de encará-lo enquanto manifestação característica da forma com a qual os homens travam relações de conhecimento com a realidade, neste momento histórico. As ações pedagógicas que derivam desses estudos - por se centrarem na particularidade, sem considerar a dinâmica das relações sociais na qual ocorrem - têm-se orientado por determinadas concepções de homem, que permeiam as formulações teóricas, as investigações e as propostas metodológicas, as quais, por sua vez, vêm embasando (pelo menos nestes últimos 20 anos) a "produção do fracasso escolar" como fenômeno cujo centro se situa no indivíduo, no aluno, às vezes na sua família ou naquilo que seu diagnóstico expressa.

Numa outra perspectiva e partindo do princípio que a atividade humana é compreendida como expressão e síntese das relações sociais, o conhecer, tanto no contexto do cotidiano vivencial como no contexto do ensino escolarizado, é revelador da forma de produção social e histórica do viver e do aprender. Logo, temos de caminhar rumo ao encontro de referenciais teóricos que respeitem essa indissociabilidade. A escola, por negá-la, direcionou o seu fazer fundada em uma ou outra das seguintes premissas básicas: naquela segundo a qual o aprender é modificação de conduta, é aquisição de hábitos, é incorporação mecânica de conhecimento, com introjeção de valores e saberes de gerações precedentes; ou naquela que, através dos processos de assimilação e acomodação, dos quais resultam adaptações inteligentes, o aluno constrói uma estrutura cognitiva que lhe possibilita a apreensão da lógica daquilo que organiza o meio físico, social, intelectual. Em ambos os casos, materializou-se no ato pedagógico uma relação na qual a comunicação professor e aluno, os recursos pedagógicos, os métodos e conteúdos acadêmicos estavam organicamente entrelaçados com o ensino do "treinar-se" ou do "construir-se", e não com o ensino que caracteriza a apropriação e transformação, pelo aluno, do conhecimento socialmente produzido pela humanidade, independente da raiz cultural de sua origem.

O termo apropriação remete à idéia de que, ao mesmo tempo que são incorporados os conhecimentos escolares - produtos culturais, sociais da atividade humana - o aluno apropria-se da atividade mental (socialmente construída) correspondente à operação intelectual aí concretizada. Ou seja, esse é também um momento de formação de funções humanas, que se realiza pela mediação do professor na comunicação prática e verbal com os alunos. Embora a mediação dos pares mais experientes (isto é, das próprias crianças entre si) seja de extrema importância para a aprendizagem, será focalizada, neste texto, fundamentalmente, a mediação do professor.

Tal concepção não parece estar contemplada no trabalho escolar hoje: ao contrário, a interação social mediadora é substituída pela dissociação da dupla professor-aluno, na qual um ensina (transmite o conhecimento) e o outro aprende (incorpora mecanicamente), ou então na perspectiva construtivista que parece reiterar tal fato, ao conferir à trajetória individual do aluno, em nome de sua autonomia, um ponto significativo na construção do conhecimento.

Os aportes teóricos que permitem uma apreensão mais ampla da relação entre desenvolvimento e aprendizagem, e que abrem algumas possibilidades de reflexão na análise dessa realidade, trazem consigo um número significativo de questões a serem levadas em conta ao tentarmos enfrentá-la para compreender aquilo que ela expressa. Nesse momento reflito sobre uma delas, a aprendizagem da língua escrita, e sobre os processos psicológicos superiores relacionados ao que Vygotsky chama de simbolismos de primeira e segunda ordem, nos quais ganha importância significativa a interação lingüística como mediadora de uma a outra ordem de simbolização.

A aprendizagem da língua escrita, portanto, não será entendida como uma manifestação ou expressão do desenvolvimento cognitivo, mas como atividade cognitiva promotora de processos intelectuais superiores que envolvem o plano da ação lógico-verbal e que ultrapassam os limites da *"percepção sensorial imediata do mundo exterior"* (Luria, 1979: 17).

A trajetória de atividades acadêmicas do 1º Grau tem seu início marcado pela apropriação da escrita simbólica, culturalmente elaborada e convencionada, em que

> "(...) a criança constrói, agora, novas e complexas formas culturais; as mais importantes funções psicológicas não mais operam por meio de formas naturais primitivas e começam a empregar expedientes culturais complexos. Estes expedientes são tentados sucessivamente e aperfeiçoados e no processo a criança também se transforma. Observamos o processo crescente de desenvolvimento dialético das formas complexas e essencialmente sociais de comportamento, as quais, após percorrerem longo caminho, acabaram por conduzir-nos finalmente ao domínio do que é talvez o mais inestimável instrumento da cultura" (Luria, 1988: 189).

O ingresso à escola de 1º Grau representa na vida da criança o ingresso à esfera do conhecimento sistematizado, isto é, do conhecimento científico. Ela passa a percorrer, então, um novo caminho, uma nova aproximação com o saber a partir daquilo que, anteriormente, havia organizado em suas experiências cognitivas, recorrendo às mesmas, mas agora considerando o saber como objeto de estudo formalmente organizado.

Além de uma bagagem de informações de diferentes áreas do conhecimento, o aluno enfrenta as diferentes formas de representação do conteúdo formalmente elaborado, bem como exercícios intelectuais que demandam uma atividade mental diferenciada para com o conhecimento (dado que o mesmo se apresenta ao aluno de uma forma distinta), se comparada aos conceitos apreendidos do cotidiano. Defronta-se, também, com o processo que tradicionalmente a escola utiliza como recurso "repassador" desse conteúdo, com a forma de ensinar, que parece desconhecer essa nova característica de aprendizagem e a necessidade de trabalhar não só com os conteúdos em si, mas com os processos mentais de internalização dos mesmos. É como se o simples acesso ao saber sistematizado, que se apresenta sob a forma de pontos, matéria, disciplinas, brindasse ao aluno, gratuitamente, a condição de processá-lo, reproduzindo, muitas vezes, a máxima da disciplina formal[3], segundo a qual o contato do aprendiz com o conteúdo clássico dos grandes eventos, descobertas, línguas, a própria vida dos pensadores, atuasse no seu desenvolvimento mental geral, promovendo-o, através da transferência das aprendizagens, de um aos outros campos do saber.

O chamado fracasso escolar encontra aí o mais fértil terreno para instalar-se, uma vez que o ponto central implícito em toda essa questão se desloca da sua totalidade para centrar-se na incapacidade do aluno. Não é levado em conta que:

> *"(...) o aprendizado humano pressupõe uma natureza social específica e um processo através do qual as crianças penetram na vida intelectual daqueles que a cercam"* (Vygotsky, 1988: 99) (Grifado pelo autor)

Ao ser enfocado o aluno, simplesmente, a interação social é negada e aí é ele quem precisa ser diagnosticado e tratado como aluno especial. Apenas ele é objeto de preocupação. É esquecido que, da mesma forma, os demais alunos acabam tendo uma relação estéril com o conhecimento. Se tomarmos a nossa própria trajetória acadêmica como exemplo, verificaremos o quanto perdemos na nossa escolarização por termos travado relações com o saber em situações nas quais o conteúdo era apenas para ser memorizado e devolvido sob a forma de: marque com uma cruz, preencha, responda... Perdemos chances preciosas de trabalhar com o conteúdo escolar, operando também as inúmeras possibilidades lógico-verbais-abstratas nele contidas. Perdemos chances de realizar exercícios metacognitivos que brindassem a possibilidade da consciência real do saber e dos nossos próprios processos mentais presentes na ação de apreendê-los.

---

[3] Lev Vygotsky. **El desarrollo de los procesos psicológicos superiores.** 1979: 127

Isto é natural?

Rotular o aluno de fracassado parece ser forte demais, principalmente quando é esquecido que, em certas condições, todos nós somos incapazes de processar o conhecimento em todas as suas variadas formas de apresentação, esteja ele posto na escrita dos livros, fixado numa obra de arte, nas experiências sociais, na linguagem falada, na poesia e nos desencantos da vida, ... mormente se na relação com nossos pares não houver mediação que promova o desenvolvimento dessa possibilidade. A leitura dessa gama de saberes não é presente ou não se dá pela magia da condição de sermos humanos apenas, mas de sermos, sim, historicamente humanos, isto é, de produzirmos nossa atividade mental, a própria dinâmica da ação cerebral, socialmente. Não é legado da natureza!

Nesse sentido, destaca-se a interação lingüística entre professor e aluno como mediadora de processos mentais superiores, social e historicamente produzidos, considerando, com Vygotsky, que as experiências de aprendizagem que resultam na organização da cognição são "(...) a transformação de um processo interpessoal (social) em intrapessoal" (Vygotsky, 1979:196). (Tradução livre).

A construção dos enunciados que traduzem o conhecimento sistematizado transmitido na escola contém processos complexos de pensamento que precisam ser apreendidos pelo interlocutor na recepção do conteúdo verbal. São complexos porque contêm relações abstratas - formuladas a partir de mecanismos objetivos de linguagem (a palavra, a sintaxe, a entonação, a semântica ...), mas com uma dada correlação - que remetem o ato mental, da referência material direta de cada palavra ultrapassando os "limites da percepção sensorial imediata do mundo exterior"[4], para operações lógico-mentais abstratas, isto é, remetem da aparência perceptiva às formas mentais abstratas. Assim, as construções pela linguagem, vistas na perspec-

---

[4] A.R. Luria. **Curso de Psicologia Geral**. Vol IV. 1979: 17

LEITURA CRÍTICA • ESCRITA CRIATIVA

tiva de sua relação com o intelecto, acabam constituindo "matrizes" de pensamento, nas quais:

> "(...) a representação de uma determinada relação lógica transfere-se inteiramente para os recursos da língua (...) que servem de base às formas complexas de pensamento, revestindo-se de grande interesse, por isto, a análise psicológica dos processos intelectuais indispensáveis às operações..." (Luria, 1979:58)

A fala permite ao indivíduo separar-se dos dados perceptivos para subir a patamares superiores de processamento mental das informações. Dessa forma, considerando a importância do exercício dos processos intelectuais inerentes à passagem do sensorial ao abstrato, é ponto de destaque a relação que se estabelece entre professor e aluno no contexto escolar em que a linguagem ganha um papel estruturante do pensamento (sem esquecer, é claro que linguagem e cognição estão mutuamente relacionadas).

Dirijo minha atenção a essa questão, partindo da hipótese que a linguagem do professor, no momento em que se convencionou chamá-la de "transmissão de conteúdos", principalmente no período específico da alfabetização - embora com enunciados que contenham formulações lógico-verbais abstratas -, não remete, simultaneamente ou no momento seguinte (o momento do trabalho específico do aluno com o objeto do conhecimento), a essas formas intelectuais superiores. Remete, isso sim, a um manejo baseado em processos perceptivos, na decodificação, na combinação de sílabas, produzindo-se aí uma contradição que resulta no chamado fracasso na aprendizagem.

O conhecimento escolar sistematizado e escrito apresenta-se à criança do início da escolarização como simbolismo de segunda ordem[5], ou seja, deixa de ser somente um exercício de simbolismo direto pela oralização. Agora o objeto a ser simbolizado é a língua falada e não mais as coisas ou os fatos... O conhecimento é transmitido, por isso, com base numa linguagem lógico-ver-

---

[5] Lev Vygotsky. **Formação social da mente**. 1988: 131

149

bal (a que se desprende do concreto imediato sensorializado). No entanto, todo o exercício mental proposto pela escola como forma de apropriação desse conhecimento baseia-se numa atividade que transforma esse grau de simbolização como característico do simbolismo de primeira ordem[6], dado que parece entravar para o aluno o processamento do conhecimento no nível abstrato que propõe o ensino de 1º Grau.

A escola parece omitir todo trabalho que traga implícito o exercício intelectual abstrato para ater-se às formas de atividade cognitiva que prendem o aluno ao perceptivo, ao concreto, ao aparente.

Entendo que a realidade da qual emerge essa caracterização do ensino é derivada do movimento teórico e metodológico que transitou da Escola Tradicional à Nova, fundado em premissas educacionais para as quais a atividade intelectual era desenvolvida pela formação de hábitos comportamentais, ou construída pela experiência individual do aluno, baseando-se numa concepção dissociadora da díade homem/sociedade e, portanto, aluno/educação.

Considero, também, que a escola, o professor, a relação com o conhecimento, o sucesso, o fracasso escolar sejam expressão da materialidade que organiza os homens na sociedade atual e que contêm, por isso, as marcas da contradição que coloca frente a frente o refinado saber que a ciência acumulou na eletrônica, na telemática, por exemplo, com o saber-não-saber, isto é, aquele mecanicamente incorporado ou aquele do senso comum, cujas amarras fixam o homem à percepção episódica da realidade, na qual cada fato, cada dado, cada vivência é apreendida em si, permanecendo circunscrita na sua própria dimensão. O que chamo de saber-não-saber caracteriza-se por não conter em si o exercício do pensar por relações, por não conter a re-significação que emerge da ação mental que, desprendendo-se do "fenômeno", vai aos seus determinantes, e, da malha das relações que aí se estabelecem, volta a percebê-lo de forma mais rica em termos da qualidade de conhecimentos daí abstraído.

---

[6] IDEM, p.131

E na escola os alunos pensam por relações ou a cada palavra do professor corresponde um objeto ou um fato, seja ele histórico ou matemático, que deve ser reproduzido nas provas para passar de ano? É ensinada a mecânica da leitura ou a linguagem escrita? É possível trabalhar, na escola, os processos cognitivos superiores que levem os alunos a pensar por relações, trabalhando com os significados?

Será que em vez de perguntar ao aluno o nome do descobridor do Brasil, não seria possível lhe prestar essa informação e ascender, em termos de relações abstratas, questionando-o sobre porque Pedro Alvares Cabral chegou ao Monte Pascoal no dia 22 de abril de 1500, estabelecendo relações desse fato com o significado das navegações e das descobertas na vida social dos homens naquele momento? E a possibilidade de elevar mais ainda a relação humana com o conhecimento, trabalhando a autoridade de conhecer como o próprio aluno produz o saber através do exercício metacognitivo[7]?

Nas séries iniciais do 1º grau a tarefa primeira ou qualificada como a mais nobre é, sem dúvida, o acesso ao conhecimento sistematizado através da leitura e da escrita ou às formas de representação do conteúdo cultural socialmente elaborado.

Nesse processo, a linguagem do professor adquire especial importância enquanto condição fundamental para apreensão do conhecimento e como substrato para as formas de pensamento especificamente voltadas às atividades mentais superiores.

O discurso do professor, em geral, garante aos alunos o acesso à comunicação oral, uma vez que o mesmo faz adaptação de sua estrutura lingüística à realidade do contexto social daqueles, ou àquilo que é previsto ao léxico qualitativo e quantitativo, correspondente às suas faixas etárias. Surgem alguns vocábulos novos, sim, mas o professor trabalha, define, coloca no contexto frasal, generaliza seu uso e facilita sua compreensão. A maioria dos alunos "dá conta" da linguagem do professor ou, do contrá-

---

[7] Entende-se por metacognição tudo aquilo que "(...) se refere à consciência de nossos próprios processos cognitivos (...)" segundo Gordom ee Braun. **Metacognition, cognition and human performance**. 1985: 2

rio, treina comportamentos que deverão ser apresentados sempre que um determinado conjunto fonético aparecer. Um exemplo é o caso de uma aluna que, frente à solicitação da professora para que escrevesse o seu nome no desenho que concluíra, pergunta à mesma: "quantas vezes?" Viciada pelo número de vezes que teve que escrever a palavra que não acentuou, ou o nome do descobridor que não decorou, a aluna fez tal pergunta.

Esse fato, a exemplo de outros nos quais constam "palavras de ordem" como sublinhe, circule, efetue, preste atenção!, expressa um tipo de manejo com o conhecimento sistematizado e, embora a significação conceitual, a semântica, não constitua, em termos gerais, obstáculo à comunicação, a mensagem traz consigo, necessariamente, a revelação do tipo de pedagogia que sustenta a relação educativa mediada por essa linguagem. O signo lingüístico traz necessariamente consigo determinados conceitos, isto é, abstração das imagens acústicas da língua utilizadas na relação que se estabelece entre os interlocutores. Os significantes na interação com os indivíduos não são "peças" neutras e desprovidas, em seu significado, de um conteúdo que marca socialmente um tipo de relação entre os falantes, bem como a emissão e a escuta não são elementos que se somam para resultarem somente na internalização da mensagem. A comunicação traz, também, as inúmeras possibilidades cognitivas que podem ser ativadas no aluno. Mas o que acontece freqüentemente?

Ao analisarmos, certa ocasião, a linguagem utilizada por uma professora de pré-escola[8], com alunos de 06 anos de idade em média, detectamos que suas formulações lingüísticas prendiam o ouvinte a fórmulas perceptivas imediatas; todo o seu discurso prendia-se à situação concreta circunscrita aos elementos físicos, à aparência, fundamentalmente, do objeto de estudo. Vejamos: "Isto é um triângulo! Um triângulo, ouviram? O triângulo tem três pontas. Uma, duas, três. Contem comigo. Passem a mão, sintam as pontas. Quantas pontas? Três. Muito bem! Isto um triângulo. Onde tem triângulo nestes brinquedos aqui? Vamos ver quem acha um triângulo neste saco de brinquedos? E na sala, onde tem? Muito

---

[8] Localizada próximo ao campus da UFSC.

bem! Não, isto não é um triângulo... Desenhar um triângulo no caderno! Muito bem! Não, assim, três pontos. Isto é um triângulo? Agora com estes três palitos, vamos construir um triângulo."

Uma possível interpretação do discurso acima é que a interação lingüística, que marca a relação pedagógica e orienta a atividade mental do professor e do aluno, ao centrar-se nos aspectos sensório-perceptivos do objeto de conhecimento, omitiu mediações que promoveriam o exercício de processos cognitivos superiores, os quais resultariam numa aproximação mais inteligente com o conhecimento.

A mediação que se instaura numa relação diferenciada e qualitativamente mais rica, do ponto de vista lingüístico e do conhecimento, é aquela na qual a interação entre os interlocutores possa desprender-se da situação imediata, da percepção episódica da realidade para chegar ao mundo das significações.

Por que mediação?

Um dos objetivos da mediação é o do significado, destacando que

> "(...) por mediação do significado nos referimos à intenção na qual a apresentação do estímulo é acrescida do aparecimento de solução para uma dada tarefa, de motivação e orientação quanto ao seu valor e significado." (Feuerstein, Klein, Tannemaum, 1991: 97) (Tradução livre)

O processo mediador da aprendizagem, utilizado em sala de aula, ativa a dinâmica de processos cognitivos (pensamento representacional, hipotético, inferencial, estabelecimento de relações, analogias, pensamento estratégico, re-significação...) que asseguram a interação real do indivíduo com o conhecimento. Que interação lingüística se processa quando o professor faz afirmações, somente? Quando faz perguntas diretas sobre o conteúdo evocando apenas a memória? Quando faz intervenções verbais para romper com esquemas de ação de um para outro estágio da inteligência, pela caminhada espontaneísta?

As respostas do aluno a esses tipos de intervenções poderão levá-lo a enfrentar a barreira da interpretação de suas condutas como incapacidade, como "falhas na prontidão" para a aprendizagem, ou da pedagogia da espera da construção do conhecimento.

A pedagogia da construção abriu um campo que assegurou um novo papel para o sujeito aprendiz; mas, considerando a indissociabilidade homem e sociedade que ressaltamos atrás, mister se faz destacar que a demanda social nos impõe, hoje, uma aproximação ligeira com os objetos culturais, em sua aparência, e o que efetivamos enquanto ação mental, em geral e espontaneamente, é o exercício caracterizado pela fórmula estímulo-resposta que lineariza a atividade intelectual.

Diante disso cumpre ao professor a proposição de quebra de tais esquemas mentais através da ação sócio-interativa, mediada pela linguagem enquanto dado que proporciona aprendizagens, as quais, por sua vez, promovem o desenvolvimento dos processos mentais cognitivos. Aí o conhecer ganhará a vida e será apreendido tendo em vista a inserção do conhecimento no contexto histórico no qual se inscreve e do qual resulta, entendendo que

> "(...) o salto do sensorial para o racional não se dá num passe de mágica. Será sim, fruto de inúmeras aprendizagens que empurram o desenvolvimento do intelecto. (...) existem diferentes momentos e possibilidades em diferentes fases do crescimento e que será na comunicação com os adultos que se criará terreno fértil para a organização da atividade intelectual que permitirá relativizar o significado dos fatos expressos pelas palavras chegando a uma leitura do mundo que não privilegie somente sua aparência" (Da Ros, 1992: 17).

Assim, a comunicação se dará no contexto do significado do discurso, de seu uso como referência no processamento mental da mensagem e não somente na lógica convencionada de sua formulação. No contexto do discurso e nas interações sociais dentro da sala de aula,

"Linguagem e conhecimento do mundo estão intimamente relacionados e passam pela mediação do outro, do interlocutor. Os objetos do mundo físico, os papéis no diálogo e as próprias categorias lingüísticas não existem à priori (isto é não estão à priori segmentados e/ou construídos), mas se instauram e se constroem na interação entre a criança e seu interlocutor básico. A dialogia é, portanto, determinante e estruturante do processo de construção lingüística e comunicativa. Vai proporcionar, ao mesmo tempo, a constituição da criança e do próprio interlocutor como sujeitos do diálogo (os papéis no diálogo), a segmentação da ação e dos objetos do mundo físico sobre os quais a criança vai operar, e a própria construção da línguagem que por si é um objeto sobre o qual a criança também vai operar" (Scarpa, 1987:119).*

A significação conceitual se efetiva no discurso e, associada à dinâmica das atividades cognitivas, possibilita a apropriação e a produção do saber numa atividade conjunta, no diálogo com o professor que, ao mesmo tempo, trabalha o vir a ser da zona de desenvolvimento proximal[10] de seu aluno.

Nesse sentido, o fracasso escolar descaracteriza-se, e, nesse contexto, a aprendizagem passa a ser vista numa outra perspectiva, sem esbarrar mais em interpretações de incapacidade, insucesso, ou de esquemas dos estágios cognitivos. Não se prenderá, também, a uma compreensão de aprendizagem que tem por base, muitas vezes, uma visão simplificada que, se as raízes da linguagem escrita estão na linguagem oral, a passagem de uma para a outra será automática ou espontânea; e que a experiência com o conteúdo escrito ou o simples treino fonológico associado ao nome da letra faz nascer a segmentação da palavra e a associação fonema-grafema e, com isso, a criança encontra a chave do letramento.

---

[10] Lev Vygotsky. **El desarrollo de los procesos psicológicos superiores**. 1979: 196.

É preciso ter em conta que pela experiência lingüística e na interação pela linguagem, na consciência das diferentes formas do discurso comunicativo e sua representação é que chegamos à análise da parte (seja ela uma correspondência grafo-fonêmica, um texto científico ou uma poesia), enquanto expressão da totalidade da interação lingüística significada socialmente. A língua aí é expressão da interação, do coletivo, sendo que o signo que caracteriza a relação é social e não individual, pois

> *"(...) todo o signo, como sabemos, resulta de um consenso entre indivíduos socialmente organizados no decorrer de um processo de interação. Razão pela qual as formas do signo são condicionados tanto pela organização social de tais indivíduos como pelas condições em que a interação acontece" (Bakhtin, 1988:44)*

Aprendizagem compartilhada!

Não é isso que é considerado em geral na escola. Ao contrário, a linguagem colocada na relação de aprendizagem repete, na grande maioria das vezes, a organização da linguagem escrita presente nos livros didáticos cujo texto nos mostra,

> *"(...) um mundo estereotipado e idealizado onde os valores, únicos e absolutos, nos impedem de desenvolver uma visão mais clara sobre a sociedade e suas contradições (...) impossibilitam a criança de encontrar-se objetivamente com a realidade" (Prefeitura Municipal de Curitiba, 1988:65).*

Diante disso, uma realidade se impõe: uma relação pedagógica na qual a mediação da zona de desenvolvimento proximal[9] do aprendiz, como "aluno normal", "portador de dificuldades", "fracassado", "deficiente" ou como se queira denominá-lo, constitua-se em uma fonte de aprendizagem compartilhada que promova o seu desenvolvimento geral.

---

[9] Lev Vygotsky. **El desarrollo de los procesos psicológicos superiores**. 1979: 196.

As aprendizagens nas quais se compartilham significados não privilegiam a apreensão mecânica do saber, mas a apreensão das relações nele impressas. A tarefa de conhecer através da língua escrita, ao contemplar o pensar por relações, amplia as possibilidades mentais de lidar com a palavra - enquanto signo gráfico - representativa da realidade. Aí a aprendizagem deixa de ser estéril para ganhar a vida presente na "não palavra", ou seja, na própria realidade.

Ler e escrever não são somente "ferramentas" de acesso ao saber sistematizado. São aprendizagens e exercícios de apropriação dos processos mentais que asseguram uma relação teórica com a realidade objetiva, porque os conteúdos escolares são representações de sistemas de conceitos historicamente determinados. Nesse sentido, ler e escrever não pode ser um ato mecânico de combinação de sons e signos gráficos. Clarice Lispector, falando sobre o ato de escrever, disse que:

> *"Então escrever é o modo de quem tem a palavra como isca: a palavra pescando o que não é palavra. Quando esta não palavra morde a isca, alguma coisa se escreveu. Uma vez que se pescou a entrelinha, podia-se com alívio jogar a palavra fora. Mas aí cessa a analogia: a palavra ao morder a isca incorpora-a..." (1979: 20)*

E para pescar a entrelinha? E para romper com a mecanicidade da lógica da coisa (que lógica?) e chegar a pescar o cultural que traz na isca o significado daquilo que ainda é "não palavra"? As "não palavras" são, a meu ver, relações, pois

> *"(...) a linguagem escrita consiste num sistema de signos que designam os sons e as palavras da linguagem falada, e que, por sua vez, são signos de relações e entidades reais" (Vygotsky, 1979: 160)*

No mundo das relações, os significados não substituem mecanicamente os significantes. É por isso que se compreende que ler e escrever não são meras decodificações, nas quais se estabelece uma correspondência entre o dado sensorial (o estímulo visual, escrito) com seu substituto fonêmico, combinando-os para construir uma palavra; não se trata, portanto, de uma simples conversão grafo-fonológica, no caso da leitura.

É preciso ter em conta que a palavra falada simboliza algo, e que representar o símbolo falado com signos que o registrem graficamente requer a ação de processos mentais complexos, ainda mais porque a linguagem oral contém dados semânticos que são culturais e que conferem à palavra significados sociais.

O simples domínio da representação escrita e da utilização dos signos apropriados e convencionados para tal não atinge - e por si só não garante - a apreensão do manejo e do significado da linguagem escrita, que contém a experiência humana socialmente elaborada.

Para chegar ao domínio das formas superiores dessa linguagem pela compreensão do material escrito, "corpus" da atividade acadêmica do 1º Grau, a criança se utiliza da linguagem falada, que atua como intermediária da representação gráfica. Deve-se destacar, porém, que se esse vínculo é fundamental no início, deve ser, também e necessariamente, temporário, porque a escrita, enquanto atividade de processos psicológicos superiores, precisa transformar-se de simbolismo de segunda para primeira ordem; ou seja, os símbolos escritos não representarão mais os símbolos verbais: representarão diretamente o fato, o objeto, a pessoa, a cor, o sentimento... O processo de simbolização, que leva à apropriação da atividade cultural enquanto atividade do pensamento, é complexo, pois supõe uma "relação teórica com a realidade" (Davidov, Marcova, 1987: 173), ou seja, com a "não palavra".

A apropriação do conhecimento sistematizado passa por essa relação teórica e supõe a construção de conceitos científicos referentes aos objetos de conhecimento, nos quais o pensamento é uma atividade de consciência da própria realidade, bem como da consciência do aluno enquanto produtor de um novo sistema de conceitualização.

A escola, no entanto, geralmente tem trabalhado o conhecimento científico não em situações construtivas vivenciadas, mas com a síntese do saber acumulado e apresentado já em formas abstratas, representadas na escrita ou oralmente, e exige do aluno uma atividade intelectual que rompe com o pensamento direto prático rumo ao pensamento lógico-verbal abstrato. Opera com uma atividade intelectual característica como aquela

> *"(...) através da qual o homem, baseando-se nos códigos da língua, está em condições de ultrapassar os limites da percepção sensorial imediata do mundo exterior, refletir conexões e relações complexas, formar conceitos, fazer conclusões e resolver complexas tarefas teóricas."* (Luria, 1979:17)

Essa prática convencionada tem levado ao registro de uma série de queixas que evidenciam que um percentual significativo de alunos não atinge esse nível de elaboração do conhecimento escolar. Isso talvez porque a linguagem do professor, mesmo que contenha as formas mais desenvolvidas da língua, que respeite as diferenças culturais e que proponha, dessa forma, acesso às relações abstratas, acaba por remeter o aluno a uma situação em que a palavra evoca a imagem e não um sistema de ligações, relações e significações.

Compete à escola não só o repasse e socialização do saber, mas a socialização das formas mais elaboradas em termos de atividade mental (processos mentais superiores) que garantam a apropriação do conhecimento.

A aprendizagem da língua escrita requer ação de processos cognitivos diferentes daqueles utilizados na apropriação de conceitos espontâneos da linguagem oral; e o conhecimento sistematizado, no qual a língua escrita se inscreve, na escola, requer a ação de processos lógico-verbais, uma vez que as sínteses do conhecimento estão formuladas a partir da realidade e apresentam-se com a sistematicidade da língua oficial elaborada, diferente da variante lingüística própria da oralidade da criança.

É preciso que se proponha, então, um trabalho a partir da linguagem oral, não centrado nela, mas que traga para a interação social, com base na língua falada, a possibilidade de ter presente construções lingüísticas com modelos de aproximação do conhecimento no qual o exercício das funções cognitivas superiores estarão permeando o ato intelectual de conhecer, atribuindo, dessa maneira, outro significado à oralidade.

Diz Scarpa, falando sobre a relação da aquisição da linguagem e da escrita, que parece haver oposições entre esses processos na escola, das quais resulta, em um nível, a priorização da última com relação à primeira.

> *"Na prática institucional, ela tem sido reforçada, por causa da atribuição de um caráter onipotente à linguagem escrita, reduzida à única e verdadeira 'linguagem'.*
> *Promove-se, assim, um apagamento da oralidade do aprendiz (...). (1987:118)." (Grifos nossos)*

Como já foi enfatizado, o processo de oralização é importante e merece atenção, principalmente, no início da escolarização. O exercício que chama a linguagem oral à sistematicidade presente no conceito científico constitui-se aprendizagem fundamental para o desenvolvimento da língua escrita, sob pena de o professor cair no que Vygotsky (1989:72) chama de *"verbalismo vazio"*. Assim, a interação lingüística, qualificada nessa direção, será mediadora não só dos conceitos espontâneos aos científicos, como também integrante e integradora do processo de simbolização, que conferirá ao signo escrito a característica de simbolismo direto do conhecimento social acumulado na escrita.

Ao professor caberá o compromisso de sua inserção como membro efetivo do grupo, organicamente vinculado ao ato de conhecer, sem dissociar a fala do escrever, isto é, conferindo à linguagem oral não o papel autoritário e estéril presente no "circule, preste atenção, abra o livro, feche a boca, hora do recreio, levante o dedo, certo, errado, copie...", mas o de instrumento coletivo de aprendizagem.

> *"Ele deve, também, planejar situações educativas que promovam uma aprendizagem efetiva: aquelas que requerem uma elaboração ativa para que haja apropriação, aplicação e reestruturação do conhecimento já disponível.*
> *Para tanto, é preciso que o professor esteja não só mais adiante no processo de conhecer, como também preparado para organizar, integrar e apresentar o conhecimento a seus alunos de modo a lhes facilitar a aprendizagem (...) Considerar-se e ser considerado como mais um dos interlocutores e, sem dúvida, como o mais experiente - no diálogo em torno do conhecimento"* (Davis e col. 1989:54).

Ao criar um ambiente interativo articulador do indivual e do social, no qual se compartilhem processos elevados de produção do conhecimento, é possível que sejam criadas, também, possibilidades para que as diferentes contribuições culturais (considerando as classes sociais) possam emergir sem preconceitos e constituir-se em fonte de trabalho com os processos psicológicos superiores, uma vez que todo o discurso cultural contém graus elevados de abstração e de requintados recursos lingüísticos.

As considerações feitas, neste trabalho, referem-se à passagem de ordens de simbolismo segundo o que explicitou Vygotsky. Não se trata, assim, de impor a norma culta, de prestígio na sociedade capitalista, ou seja, impor, no caso, padrões lingüísticos da classe dominante acreditando que, com eles, seriam proporcionados recursos para melhorar a performance cognitiva das "crianças carentes", as "deficientes culturais".

Não se está propondo, portanto, qualquer coisa parecida com as teorias da privação verbal que consideram que o "segredo da inteligência" se esconde no dialeto padrão, e que ao déficit lingüístico correspondem déficits cognitivos:

> *"A partir desse pressuposto, concluem que as deficiências lingüísticas da criança desfavorecida são também cognitivas, porque a 'pobreza' de sua linguagem, inadequada como veículo do pensamento lógico e formal, é obstáculo ao seu desenvolvimento cognitivo. Suas dificuldades de aprendizagem devem-se, assim, concomitantemente, a deficiências lingüísticas e a deficiências cognitivas que daquelas decorrem"* (Soares, 1992:21)

Não é o caminho da última citação o que se tomou. Ao ser destacada a interação lingüística entre professor e aluno, o que se quer é chamar a atenção, entre outros aspectos, para a importância da interação pela linguagem oral no processo de apropriação do conhecimento, mesmo considerando que ela não reúna, em si, condições suficientes para dar conta do processo de apropriação da língua escrita associado aos diferentes simbolismos constituidores do saber.

É importante ressaltar que essas considerações a respeito do papel mediador do professor não contêm, nelas mesmas, qualquer pretensão de que se tenha encontrado uma solução para o fracasso escolar. São, isso sim, considerações, uma vez que se atribui às relações sociais, à materialidade da produção do viver dos homens na sociedade do capital os determinantes do fracasso na escola.

BIBLIOGRAFIA

BRASIL. MINISTÉRIO DA EDUCAÇÃO. Coordenação de Informações para o Planejamento. **Sinopse estatística do ensino regular de 1º grau: 1989**. Brasília: 1992.

BAKHTIN, Mikail. **Marxismo e filosofia da linguagem**. São Paulo: Ed. Hucitec, 1988.

DA ROS, Silvia. Coord. **Vida de criança: cotidiano infantil e aprendizagem**. Florianópolis: UFSC:FCBIA,1992.

DAVIDOV, V. e MÉRCOVA A. El desarrollo del pensamiento en la edad escolar. In: **La psicologia evolutiva y pedagogia en la URSS**. Antologia. Moscou: Editorial Progresso, 1987.

DAVIS, C., SILVA, M.S, ESPÓSITO Y. Papel e valor das interações sociais em sala de aula. **Cadernos de Pesquisa**. São Paulo (71): 49-54, nov, 1989.

FEUERSTEIN R., KLEIN P., TANNEMAUM A. **Mediated learning experience**. (MLE). London: Freund Publishing House, 1991.

GORDON J., BRAUN C. Metacognitive processes: reading and writting narrative discourse. IN: FORREST - PRESSLEY et alli (ed). **Metacognition, cognition and human performance**. Florida: Academic Press Inc. 1985. P. 1-72.

LISPECTOR, C. **Para não esquecer**. São Paulo: Ática, 1979.

LURIA A.R. **Curso de psicologia geral**. Rio de Janeiro: Civilização Brasileira, 1979. Vol. IV.

— O Desenvolvimento da escrita na criança. In: VYGOTSKII L.S. et alii. **Linguagem, desenvolvimento e aprendizagem**. 2a. Ed. São Paulo: Ícone, 1988.

LURIA e YADOVICH. **Linguagem e desenvolvimento intelectual na criança**. Porto Alegre: Artes Médicas, 1985.

PREFEITURA MUNICIPAL DE CURITIBA. **Currículo básico:** Uma contribuição para a escola pública brasileira. Curitiba: Secretaria Municipal de Educação, 1988.

SCARPA, Ester Miriam. Aquisição da linguagem e aquisição da escrita: continuidade ou ruptura? In: **Estudos lingüísticos XIV**. Anais de Seminários do GEL. Campinas, 1987. P. 118-128.

VYGOTSKY L.S. **El desarrollo de los procesos psicológicos superiores**. Barcelona: Grijalbo, 1979.

— **A formação social da mente**. São Paulo: Martins Fontes, 1988.

— **Pensamento e linguagem**. 2a. Ed. São Paulo: Martins Fontes, 1989.

Silvia Zanatta Da Ros
Formada em Pedagogia pela Universidade Federal do Rio Grande do Sul.
Mestrado em Educação pela Universidade Federal de Santa Catarina.
Doutoranda em Psicologia da Educação pela PUC/SP.
Além de inúmeros artigos, publicou:
Vida de criança: cotidiano infantil e aprendizagem (como organizadora), pela Editora da UFSC/FEBIA, e
Pedagogia materna e relações sociais, pela Editora da Universidade Federal de Santa Catarina.

PRODUÇÃO TEXTUAL:
AÇÃO SOLITÁRIA OU SOLIDÁRIA?

Hulda Cyrelli de Souza[1]

"O que eu pediria à escola, se não me faltassem luzes pedagógicas, era considerar a poesia como primeira visão direta das coisas, e depois como veículo de informação prática e teórica, preservando em cada aluno o fundo mágico, lúdico, intuitivo e criativo, que se identifica basicamente com a sensibilidade poética... Alguma coisa que se 'bolasse' nesse sentido, no campo da educação, valeria como corretivo prévio de aridez com que se costumam transcorrer destinos profissionais, murados na especialização, na ignorância do prazer estético, na tristeza de encarar a vida como dever pontilhado de tédio".
(Drummond, 1974)

Pelo título dado ao presente texto, já percebemos tratar-se de um breve estudo sobre a qualidade da interação que deve pautar as atividades de produção textual nas escolas. Sabemos que as conhecidas "aulas de redação" são lugares-comuns nos planejamentos dos professores através de décadas. Cumpre-nos, pois, analisar, embora sucintamente, como tais atividades ocorrem na perspectiva neoliberal de educação e os resultados conseguidos com tal prática. Em contraponto, procuramos levantar questionamentos que possam contribuir para que a prática de produção textual esteja a serviço da formação de um sujeito

---

[1] Professora de Língua Portuguesa e Literatura no Colégio Adventista de Maringá, PR.

pensante e atuante, que viva a realidade dos seus dias e não fique à margem dos acontecimentos. Para tanto, valemo-nos de referências pertinentes à perspectiva histórico-crítica.

Como educadores, estamos conscientes da necessidade de ver nossos alunos como sujeitos participativos, hábeis na leitura do mundo que nos cerca, ativos na busca de soluções para seus problemas e os da comunidade. Nesse afã, lançamos mão de estratégias condizentes com os objetivos a que temos nos proposto, já que elas não podem mais figurar como fins em si mesmas, senão como meios eficazes de integração e não de alienação. Dentre as estratégias à nossa disposição está a produção textual.

A essa altura, cabe-nos uma pergunta que nos faça refletir: Como a produção textual, estratégia tão usada nas escolas no decorrer dos tempos, pode concorrer para que seu produtor seja alguém sintonizado com os desafios de seu tempo, alguém sensível à problemática que o circunda?

Seria presunção afirmar que temos a resposta. Em contrapartida, porém, não podemos afiançar que continuamos às cegas. Algumas incursões, nessa área, já nos permitem vislumbrar uma luz no fim do túnel.

Para chegarmos a considerações mais palpáveis, é mister fazer uma rápida retrospectiva nos fundamentos pedagógicos que têm sustentado a prática escolar e deles colher subsídios que nos permitam entender a qualidade dos resultados obtidos, para, então, levantar reflexões que busquem saídas para as indagações do presente.

Em primeiro lugar, cumpre ressaltar que já não bastam a boa intenção do professor, os momentos dedicados às aulas de redação nem o treino da organização de frases em torno de um determinado assunto, para que alguém reflita e alcance um estágio de manuseio de língua que lhe propicie adequada visão de mundo. Sabemos que esses são recursos largamente empregados por professores de Língua Portuguesa, bem intencionados, diga-se de passagem, alicerçados no arcabouço dos pressupostos teórico-metodológicos emanados do pensamento liberal que têm na Pedagogia Tradicional, Pedagogia Escolanovista e Pedagogia Tecnicista o seu moto dentro da educação brasileira.

A Pedagogia Tradicional remonta aos princípios da Revolução Francesa através da publicização do ensino, com o objetivo de propiciar à classe social emergente a oportunidade de participação plena na vida social, política e econômica da nação. Para tanto, constituiu-se num elenco de conteúdos que deveria ser transmitido de modo a inculcar os valores da moral burguesa que concorreria para fortalecer uma classe até então alijada da cultura que fora privilégio do clero e da nobreza.

No Brasil, a educação tradicional manteve-se em seu estado mais representativo até 1920. A partir daí, a educação brasileira, embora conservando características tradicionais, abriu espaço para o escolanovismo até a década de 60, mais ou menos; desde então, passou a abrigar os objetivos do tecnicismo. Cabe aqui ressaltar, à guisa de comentário, que tais mutações convivem no cenário educacional hodiernamente e podem ser consideradas como variações de um mesmo tema, já que as três têm por objetivo adequar o sujeito para a sociedade que o aguarda. Chega-se a essa conclusão pelo compromisso adotado pela educação fundamentada no pensamento liberal burguês que não é outro senão o compromisso com a cultura. Daí os conhecimentos e os valores sociais acumulados pelas gerações serem passados ao aluno como dogmas.

Uma vez que, nessa perspectiva, o adulto é o homem pronto, acabado, cabe ao professor o papel de ministrar os conhecimentos da cultura ao adulto em miniatura, no caso, o aluno, que deve ser atualizado, tendo em vista o seu vir-a-ser na sociedade. Por isso, diz-se que a abordagem baseada no liberalismo está centrada no professor, pois cabe ao adulto decidir o que a criança deve receber. Assim, tudo é montado tendo em vista esse vir-a-ser do aluno, a começar pelo conteúdo, com seus programas, disciplinas e o papel do professor. Ao aluno resta cumprir as orientações preestabelecidas pelos agentes externos: o mestre - transmissor dos conteúdos, os especialistas e os modelos.

Em contrapartida, cabe ao aluno assimilar os conhecimentos que lhe são transmitidos e sua avaliação acontece segundo a exatidão com que reproduz o conteúdo dado em sala de aula, de acordo com os modelos com os quais entrou em contato, numa situação individualizada.

Tal fundamento é defendido pela tríade de teóricos cujas idéias norteiam a pedagogia comumente designada de tradicional, que carrega em si as outras duas já citadas. São eles: Durkheim, Alain e Château (Snyders, 1974).

Como aos agentes externos cabe a participação ativa no processo educativo, diz-se que ao aluno cabe uma participação passiva, qual seja, a de mero assimilador dos conhecimentos que lhe são transmitidos através de modelos, os quais lhe proporcionam uma espécie de plenitude ao dialogar com interlocutores tão diferenciados, representantes da cultura. Isso é alcançado através do leque de atividades, ou seja, da multiplicidade de exercícios de que a educação tradicional lança mão.

Na questão específica da produção textual, vamos encontrar um aluno às voltas com temas escolhidos e propostos pelo professor, embora alguns desses temas não tenham nenhuma relação com o universo desse aluno. Em nome, porém, da prática do bem-escrever, ele deverá desenvolver o tema, embora puro exercício fictício, já que o importante é manejar bem a linguagem escrita. Assim, no início de cada período letivo, o tema "Minhas Férias", via-de-regra, tem cadeira cativa no planejamento de muitos professores. Desse modo, aqueles alunos cujo poder aquisitivo permitiu-lhes viajar ou participar de atividades eleitas pelo consumismo como próprias de férias, no verdadeiro sentido do termo, terão farta bagagem para passar para o papel e, por conseguinte, serão bem avaliados por dominarem o assunto, a par de terem participado de atividades salutares em prol do melhor aprendizado da língua. Ao outro grupo cabe improvisar, "criar", sob pena de ficar à margem de uma avaliação satisfatória.

Para fazer frente ao problema da falta de assunto, os professores têm sido brindados com um elenco de milagrosas técnicas de produção de texto. Segundo o ponto de vista de seus criadores e defensores, o emprego de tais estratagemas concorre para um desempenho extremamente satisfatório nas chamadas atividades de redação.

As declarações da apresentação de uma obra destinada a tal fim evidenciam o que tais técnicas visam sistematizar:

"...procedimentos didáticos cujo melhor rendimento passa a depender diretamente do nosso trabalho docente (referindo-se aos professores). Pretende assim propiciar aos professores a oportunidade prática de exercícios que abram um contato produtivo e interessante do aluno com o universo da linguagem" (Magalhães, s/d.: 2).

Outro autor, de obra com o mesmo fim, diz:

"Escrever não é tão difícil quanto você possa imaginar. Todos nós, quer tenhamos facilidade ou não para redigir, somos capazes de criar composições adequadas, principalmente quando nos são fornecidas certas informações que possam orientar na elaboração de nossas redações" (Granatic, 1988:3).

Sabe-se, porém, que a utilidade de tais técnicas concorrerá tão somente para o exercício da linguagem escrita, num afã de aproximar o aluno da apropriação do modelo da língua padrão - um exercício estéril se analisado do ponto de vista da interação do aluno com seu meio.

Nos dias atuais, a escola não pode mais estar a serviço da cultura elitizada, não pode mais concorrer para a passividade do sujeito frente ao mundo que o cerca, não pode mais lançar mão apenas de modelos oriundos do coletivo ideal, destituídos da roupagem do coletivo real. Há que passar pelo conteúdo real de uma coletividade viva e atuante, para que o indivíduo reflita sobre qual será o ideal para essa mesma coletividade. Assim, dizemos que, hoje, o papel da escola é o de contribuir para que o aluno compreenda a sociedade da qual é elemento integrante e integrador.

Voltamos a fazer a pergunta posta inicialmente: como a produção textual pode concorrer para que seu produtor seja um integrado e não um alienado da sociedade na qual está inserido? Ou ainda: como fazer para que ele compreenda e se posicione sobre a pertinência de integrar-se nessa sociedade?

Tomemos como exemplo, para que nossas reflexões sejam

mais concretas, o tema veiculado em linhas anteriores: "Minhas Férias". Para que esse não se torne mero pretexto para a atividade escrita, o professor precisa estimular questionamentos que contribuam para que o aluno se aperceba de que férias não são atividades normais, naturais, comuns a todos os cidadãos de uma mesma sociedade. Para determinadas classes, tal atividade é realmente lugar-comum, enquanto que para os integrantes de outras classes não passa de temas de redações, propagandas de TV, quem sabe vistas no aparelho do vizinho ou no da loja de eletrodomésticos, ou visualizadas na folha do jornal ou da revista que chegou às suas mãos através do produto comprado na feira ou no armazém. Desse modo, as tão famosas férias não mais serão vistas como uma normalidade na vida de "todas as pessoas", senão como um privilégio de alguns.

Por que tal preocupação deveria estar presente no planejamento de um professor? Porque, numa sociedade em crise, temos de propiciar a nossos alunos oportunidades que os ajudem a pensar, a buscar soluções. Não é mais tempo de forjar alunos refletores do conhecimento alheio, e, principalmente, cristalizado, pronto. É tempo, sim, de contribuir para que o aluno aprimore sua aptidão intelectual, sua capacidade de reflexão, para que consiga caminhar pela arriscada, mas necessária, trilha das escolhas individuais, sem que essas sejam desvinculadas do bem-comum.

Daí porque a Pedagogia Histórico-Crítica surge com um linha programática inovadora e instigante, visando a investigação e o encontro de caminhos nos quais as dimensões do individual emergem do social, e vice-versa, e o desenvolvimento intrapessoal passa pelo interpessoal. Um desenvolvimento alicerçado sobre o plano das interações, já que o sujeito pauta sua ação educativa através de uma educação partilhada. Essa é uma das grandes contribuições da perspectiva sócio-histórica, que tenta tornar explícitos os processos por meio dos quais o conhecimento é socialmente construído e não apenas pressuposto.

Como a relação dos homens com a natureza não pode ser excluída da História, através da dialética homem/natureza objetiva é que a escola poderá suprir os indivíduos de condições para entender o seu papel na sociedade, não como pacientes, mas sim como agentes. Para tanto, as atividades de produção de texto deverão estar fundamentadas em temas oriundos da contraditória realidade exterior, de modo que o aluno perceba o seu dinamismo.

Na produção textual, a interação do aluno far-se-á com o professor, com os colegas e com os demais elementos da cultura. Tal interação concorrerá para que ele transponha suas necessidades e crie outras, de forma a conquistar autonomia e ser capaz de compreender a realidade social e a sua própria experiência.

Requer-se do professor que, além de ter o domínio da língua, conheça o processo de levar seus alunos a se apropriarem desse domínio, não para se adaptarem às exigências sociais, mas sim para terem condições de participação nas decisões de uma sociedade desigual.

Como a palavra acha-se carregada de um conteúdo intimamente ligado à experiência de vida, o ensino de Português não pode se pautar pelo ensino das regras gramaticais nem por um trabalho com estruturas isoladas da língua, pois, saber língua não é saber gramática normativa, isto é, teoria gramatical. O ensino de Português, pautado pela gramática normativa, leva a uma

> *"...noção dicotômica que sugere a existência de um indivíduo que aprende sem ser modificado pelo conteúdo cognitivo que aprende, o que equivaleria a dizer que a aprendizagem formal é desvinculada do resto de sua experiência de vida"* (Lima, 1991:2).

Assim, as atividades que envolvem o processo ensino-aprendizagem da língua materna devem ser vistas não como uma proposta individualizada, com um fim em si mesma, mas sim como um instrumento básico de interação, como fator determinante no ensino da Geografia, da História, das Ciências. Aí,

"...a questão linguística é fundamental, sobretudo em seus aspectos semânticos e nas relações entre linguagem e pensamento, que parece não ocorrerem segundo a mesma lógica, em diferentes classes sociais, como mostra Bernstein" (Soares, 1988:76).

Infere-se, pois, que, na proposta sócio-histórica, a produção de texto adquire funções de interação interdisciplinar, ou seja, funcionará como um fio condutor que amarrará os vários campos do conhecimento, levando o indivíduo a sentir o uso da língua, o seu manejo, a sua construção, como algo necessário não à sua adaptação, mas como um elemento transformador de sua condição, muitas vezes, marginalizada.

Para tanto, o ato de escrever não pode se afigurar a uma atividade burocrática, na qual o aluno escreve por escrever, numa situação solitária de alheamento do mundo que o cerca. Deverá, ao contrário, a produção textual, ser uma atividade solidária de interação verbal, emanada de elementos situados historicamente, de indivíduos que, via linguagem, apropriem-se e transmitam uma experiência que revele um saber acumulado ao longo das gerações. Salta aos olhos, desse modo, o valor que tem, nessa perspectiva, a relação do sujeito com o real para o desenvolvimento lingüístico. Por isso, o cerne do processo pedagógico constitui-se no trabalho com o texto, visto como material verbal, resultado de uma determinada visão de mundo, de uma interação e de um momento de produção.

Frente ao texto de qualquer natureza - literário, informativo, publicitário, dissertativo -, o aluno terá oportunidade de analisar forma e conteúdo. Somente desse modo, ele poderá perceber que, via linguagem, é possível atuar, influenciar, intervir no comportamento de outrem. Interagindo nesse contexto polêmico será possível, ao aluno, apropriar-se da linguagem oral e escrita. Tal apropriação é possível através da mediação do professor que o porá frente ao conteúdo que o habilite para tal.

Já que escrever é ter coisas a dizer para alguém, é necessário, na produção textual, ter presente a noção de interlocutor, ou seja, aquele a quem nosso texto se destina, pois é ele, em parte, que

LEITURA CRÍTICA • ESCRITA CRIATIVA

irá determinar que linguagem será usada. Isso conduz o sujeito a um trabalho de construção semelhante à ação do garimpeiro que seleciona, no material recolhido, o que lhe convém. Ao construir seu texto, o aluno lapidará suas idéias, julgando-o e reescrevendo-o com o objetivo de conseguir coesão e coerência.

Como já dissemos, para que o aluno construa seu texto, é primordial que ele entre em contato com um conteúdo que lhe dê condições. Isso é possível, quando ele é exposto a atividades que lhe dêem subsídios para que o texto venha a lume, como: discussão e leitura de textos contrastivos, de preferência, a partir dos quais far-se-á o levantamento de idéias e de objetivos claros e definidos que emprestem sentido à produção textual. Há que buscar consistência argumentativa nos textos que se prestam para tal. Lançar-se-á mão, também, de textos produzidos pelos próprios alunos, com os quais realizar-se-ão atividades de reestruturação, oportunidades em que serão analisados os seguintes aspectos: conteúdo, argumentação, clareza - quanto ao aspecto da coerência; quanto ao aspecto da coesão, observar-se-ão os elementos lingüísticos dispostos de modo a tecerem o texto de forma coerente com a linguagem empregada. Para tal elenco de atividades, é primordial a ação do professor, cuja visão abarcante do conteúdo, e de estratégias que concorram para tal objetivo, precisa estar alerta e sintonizada com essa perspectiva.

A fala, a leitura e a escrita serão trabalhadas num todo contínuo, e os conteúdos propostos estarão ao nível da experiência lingüística dos alunos, numa gradação que leve a um domínio sempre ascendente da linguagem, que poderá ser avaliada através da comparação dos textos do próprio aluno.

Nessa perspectiva, o aluno, através da interação com o professor e com os demais elementos por este partilhados, constrói o texto. Concomitantemente, o sujeito é construído pelo próprio texto, pois à medida que escreve, vivencia uma certa forma de pensar, de organizar o pensamento através da escrita. Diz-se que o aluno apropria-se da escrita e que essa apropria-se dele num círculo interativo.

Sabe-se que escrever é um modo de integrar passado e presente, já que é possível fazer prospecções através da escrita, uma vez que essa constrói modos de pensar, práticas sociais e até a identidade social. Logo, quem não escreve de forma contextualizada, isto é, tendo o real como pano de fundo e o conteúdo advindo da prática social dos homens como elemento de tecitura, sente-se à margem da sociedade, pois tal indivíduo não tem a linguagem como um instrumento de integração com o mundo que o cerca.

Que nossas práticas escolares, mormente as de produção de texto, concorram para que nossos alunos se sintam viajantes integrados e não como alguém à beira do caminho. Para tanto, tornemos tais atividades ações solidárias, isto é, nas quais o conteúdo é o fio condutor, e não solitárias, como na proposta neoliberal, cuja preocupação fundamenta-se ou esgota-se na forma.

BIBLIOGRAFIA

ANDRADE, C.D. A educação do ser poético. **Jornal do Brasil**, R.J., 20 de julho de 1974.

DAVIS, Cláudia. **O papel e o valor das interações sociais em sala de aula**. [mimeo] s/d.

GRANATIC, Branca. **Técnicas básicas de redação**. São Paulo: Scipione, 1988.

LIMA, Elvira Cristina de Souza. **Alguns princípios básicos sobre o processo de desenvolvimento e de aprendizagem**. Curitiba: SEED, 1991.

MAGALHÃES, Roberto. **Técnicas de redação - a recepção e a produção do texto**. São Paulo: Editora do Brasil, s/d.

MELLO, Guiomar Namo. Ensino de 1º Grau: direção ou espontaneísmo? Cad. de Pesquisa, São Paulo: (36), 87-110, fev. 1981.

— **Escola nova, tecnicismo e educação compensatória**. São Paulo: Loyola, s/d, 3ªEd.

PALANGANA, Isilda & HOFF, Sandino. **A socialização do saber e as formas de pensamento**. Maringá. UEM, 1992 (mimeo).

SAVIANI, Dermeval. **Pedagogia histórico-crítica - primeiras aproximações**. São Paulo: Cortez, 1991.

SNYDERS, Georges. **Pedagogia progressista**. Coimbra: Almedina, 1974.

— **A alegria na escola**. São Paulo: Manole Ltda., 1988.

SOARES, Magda B. **Linguagem e escola**. São Paulo: Ática, 1988.

VYGOTSKY, L.S. **Pensamento e linguagem**. São Paulo: Martins Fontes, 1991, 3ª Ed.

— **A formação social da mente**. São Paulo: Martins Fontes, 1989, 3ª Ed.

Hulda Cyrelli de Souza

Graduada em Letras pela Fundação Faculdade de Filosofia, Ciências e Letras de Mandaguari - PR.

Especialista em Metodologia de Ensino pela Universidade Estadual de Maringá.

Especialista em Literaturas de Língua Portuguesa pela Universidade Estadual do Centro-Oeste - Guarapuava - PR.

Professora no magistério de 1º e 2º Graus há 25 anos.

Atualmente, professora de Língua Portuguesa e Literatura no Colégio Adventista de Maringá - PR.

PÃO E OURO - BUROCRATIZAMOS A NOSSA ESCRITA?[1]

Sonia Kramer[2]

Muito tem sido pesquisado sobre a escrita, seja no que diz respeito aos seus processos de construção/aquisição, seja no que se refere aos fatores históricos, sociais, culturais e políticos que a determinam. Quero chamar a atenção, neste pequeno texto, para um aspecto que a meu ver não tem merecido a atenção necessária: o quê e como nós, que trabalhamos nas universidades, temos escrito para professores? Essa inquietação é gerada por um pressuposto: só acredito ser possível tornar as crianças e os adultos escritores reais de uma palavra viva, se os professores (que com eles atuam nas escolas) também se apropriarem vivamente dessa escrita. Do contrário, seremos todos - professores e alunos - meros escreventes de uma palavra repetida, submersos num discurso que se apodera de nós e nos aprisiona, ao invés de nos libertar, que descaracteriza nossa dimensão de seres humanos e sociais sempre imersos numa coletividade.

Linguagem escrita é sobretudo linguagem, assim a compreendo. Enquanto linguagem, ela guarda a possibilidade de recuperar a história, de imprimir marcas, de conferir sentidos e fazer sentido das coisas. Quer dizer, toda escrita é uma reescrita e, como tal, a escrita é confronto, encontro e desencontro, diálogo. Uma escrita dinâmica se relaciona com a vida, com as suas contradições, diferenças, tantas vozes nela presentes quantas são as possibilidades de entendimento. A escrita apresenta o vivi-

---

[1] Este artigo está baseado em reflexões que compõem a parte II do livro **Por entre pedras: arma e sonho na escola**. S.P.: Ática, 1993

[2] Professora da UERJ e da PUC-RJ.

do, e não apenas o representa; mas ela também anuncia o novo, e não somente retrata o velho. E mais: ela pode denunciar o velho e não apenas sugerir o novo. Velhonovo, novovelho num processo que rasga e tece as palavras, que rasga e tece a história.

Essas coisas que digo valem como introdução a um pequeno ensaio que desejo expor. E acrescento um parágrafo ainda (este aqui) para falar que escrita é, do meu ponto de vista, direito de todos. Porque ela é voz, palavra, ação criativa que além de informar, expressa. Direito porque - enquanto um bem cultural - precisa ser posse de todos. Uma vida digna para todos com direito à casa, comida, transportes, saúde, escola de qualidade e tantos outros motes de tantas lutas desse nosso sofrido povo, supõe também direito à escrita como parte da construção da cidadania. Assim dizendo, manifesto minha posição que não bastam políticas de alfabetização; é necessário clareza e vontade política para desencadearmos políticas de acesso à escrita. Contudo, também políticas de acesso à escrita não bastam: faz-se urgente uma política cultural e é somente no seu bojo que percebo a possibilidade de se concretizar qualquer projeto educativo que se pretenda de qualidade, capaz de contribuir para a difícil construção da justiça e da democracia.

Vendo que ficou mais longo o parágrafo acrescentado do que imaginei a princípio, entro logo no assunto, entrando na escrita de

Jóia

Não se usa mais jóias hoje em dia. O seu alto preço, a selvageria e a violência geradas pela miséria ou pela impunidade as tiraram de circulação. Não se vêem mais brincos, pulseiras, colares, broches ou anéis nas ruas. O luxo fica cada vez mais reservado. A riqueza de poucos é camuflada: cada vez menos exposta no corpo; cada vez mais flagrante na pobreza de muitos. A ostentação envolve riscos cada vez maiores, e as pedras preciosas vão cedendo lugar às imitações; novos costumes, mesma desigualdade.

Com as palavras, no entanto, dá-se o contrário. Não são as rebuscadas ou sofisticadas as que desaparecem. Somem, ao contrário, as que são caras pela sua simplicidade, aquelas palavras das conversas de toda hora: bom-dia, boa-tarde, como-tem-passado, o-que-me-conta-de-novo, como-vai-de saúde. Junto com elas se foram as pequenas trocas do cotidiano, os papos entre passantes, os casos contados, as histórias de todo dia. Por serem considerados inúteis, foram esmagados pela pressa diante das tantas tarefas necesssárias. As pessoas das grandes cidades se desacostumaram de empregá-las, como se fossem tão rídiculas quanto ridículo lhes parece entrar num ônibus e cumprimentar os usuários, o motorista ou o trocador. A vida se torna mera passagem, trânsito em direção à sobrevivência brutalizada.

A linguagem precisa e utilitária ocupa os espaços deixados vazios pelas palavras casuais, palavras feijão com arroz. Mas não é só a linguagem comum que vai se tornando enxuta, que vai perdendo sua expressividade. Também a linguagem dos médicos, economistas, políticos, arquitetos, cientistas, sociólogos, psicólogos, professores; até quando são dirigidos a um público comum, mais parecem discursos proferidos para uma platéia de técnicos. A linguagem da civilização industrializada - instrumental, comunicativa, burocrática, tecnicista, monótona - substitui as formas diversificadas de discurso. Instala-se em vazio cultural. Falsamente, a linguagem se unifica (Pasolini, 1986: 27). Pouco a pouco, as palavras são uniformizadas, têm seus vários sentidos congelados ou são deixadas sem sentido nenhum. Importa cada vez menos o conhecimento e cada vez mais a informação; menos a compreensão e mais os fatos, as notícias. Penetrando nas mais diversas modalidades de linguagem - na jornalística, na política, na da televisão, na pedagógica, na linguagem comum - tal esvaziamento da linguagem elimina a expressão e afasta quem pronuncia as palavras do assunto que pretende discutir, como as máquinas alienam cada vez mais o trabalhador da sua produção ou tal como, no dia a dia, os aparatos tecnológicos nos distanciam daquilo de que buscamos nos aproximar, compreender.

Assim também na fala, assim também na escrita. Quanto mais se sofistica a linguagem, nela colocando luxos (quer dizer, pretendendo cientificizá-la), mais escapam os vários sentidos possíveis da palavra e da existência! Mas hoje - me inquieto - é mais do que preciso *"não contaminar com luxos a simplicidade da linguagem"*. (Lispector, 1984: 30). Uma simplicidade que é perseguida, conquistada, pois

> *"como todo escritor, tenho a tentação de usar verbos truculentos: conheço adjetivos esplendorosos, carnudos, substantivos e verbos tão esguios que atravessam o ar em vias de ação, já que palavra é ação, concordais? Mas não vou enfeitar a palavra pois se eu tocar no pão da moça esse pão se tornará ouro... e a jovem não poderia mordê-lo, morrendo de fome. Tenho que falar simples para captar a sua delicada e vaga existência"*. (Lispector, 1984: 20).

E esse vazio cultural se instala mais forte ainda nos textos acadêmicos. Falta-lhes *"a vitalidade de uma cultura pública"* (Jacoby, 1987: 28). Estão empobrecidos porque a maioria de nós, intelectuais e cientistas, escrevemos mais e mais para publicações especializadas, criamos sociedades insulares, nos relacionamos muitas vezes apenas com nossos colegas das universidades, compartilhamos jargões, e não sentimos necessidade de escrever de forma compreensível para um público leigo. Afastamonos do público comum. Escrevendo para sermos avaliados por nossos pares, não nos detemos no texto, não desenvolvemos a escrita direta, não nos preocupamos com o estilo (Jacoby, 1987).

Se tal fechamento se dá nos textos acadêmicos, que dizer dos escritos pedagógicos? Isto é, que dizer dos textos e artigos que escrevemos, para professores, falando sobre a prática pedagógica? Desdobrando-se quase sempre em sugestões e propostas de ação, os textos que produzimos sobre a prática escolar não são dirigidos a um público leigo, já que pretendem orientar professores. Escrevemos, então, para um público nem leigo nem acadêmico! Pois os professores que nos lêem e escutam, na sua maioria, não estão na universidade, embora sua prática e conhecimento os aproximem de nós... Procuramos atingi-los, pois falamos do seu trabalho, do que fazem e do que (supomos) deveriam fazer. Mas conseguimos atingi-los? Então por que reclamam da

LEITURA CRÍTICA • ESCRITA CRIATIVA

prática que parece estar ausente das nossas teorias? Não estarão esses professores da escola comum, assim como os estudantes de pedagogia e das licenciaturas (público de dentro da universidade, portanto) denunciando o hermetismo e o compromisso que parece termos estabelecido mais com o discurso acadêmico do que com as práticas reais concretizadas nas escolas reais?

Pensando nisso, paro e penso em mim e naquilo que tenho escrito. E reconheço que, mesmo criticando as formas duras que usamos nos nossos discursos, mesmo denunciando as amarras acadêmicas, ainda assim minha linguagem tem dificuldade de ser simples. Está ainda cheia de tecnicismos.

Será que não estamos nos acostumando aos nossos pequenos luxos, prova do nosso prestígio e avanço intelectual; será que não falamos apenas para nós mesmos? E o que ensinamos aos nossos-alunos-eles-mesmos-professores? Será que não temos ensinado nossos professores a adornar a sua linguagem e os aparatos escolares de tal forma que eles aprendem a fazer com que as coisas pareçam diferentes, mantendo-se, porém, as mesmas? Será que, assim como afirmam não estarem seus alunos interessados naquilo que como professores dizem e fazem, não estão eles também desinteressados daquilo que a eles falamos e com eles fazemos? Será que a forma dos nossos textos não acaba dificultando que percebam a prática que sempre está por trás de qualquer teoria? O que aprendem os professores a escrever nas escolas normais e nas faculdades de educação além de trabalhos para receber notas? Acostumam-se a pensar que a escrita não se liga com a vida, não fala do real e apenas se presta a dar uma satisfação ao poder? Acostumam-se a acreditar que a escrita não revela um conhecimento duramente alcançado, mas apenas transmite informações adquiridas?

Talvez você, que me ouve ou lê, considere-me exagerada. Talvez pense que generalizo a partir de uma ou outra situação pontual, e que acabo pintando o monstro pior do que é. Pode ser que sim, mas temo que não. E me explico: não estou procurando generalizar. Digo apenas que milhares de situações pontuais ou singulares acontecem dessa forma: temos procurado e difundido luxos e jóias, desprezando a simplicidade do que aí está. Simplicidade que não significa banalidade, certo? Dizendo isso, me dou conta de que além de outras linguagens para falar a prática escolar, temos necessidade de um público leitor, um público que queira e goste de ler, que valorize a escrita. Sei que, para que possa existir esse público leitor, é essencial um projeto político que viabilize o acesso de todos a mais e melhor escrita. Eu sei! Não diminuo a importância desse projeto que em última instância é um projeto cultural! Apenas insisto no fato de que nós - que escrevemos para professores - em grande parte das vezes temos sido ventrílocos de nós mesmos.

Se *"o dizer não é apenas a expressão do pensamento, mas também a sua realização"* (Benjamin, 1987: 274-275), quem sabe abrimos espaço para as vozes e os escritos daqueles em nome dos quais e para quem tanto falamos? Quem sabe cuidamos de que possam se ouvir e se ler, contando suas histórias, escrevendo suas práticas...com simplicidade? Quem sabe - mesmo que a princípio esses textos e falas nos pareçam banais - a própria possibilidade de falar e de escrever a prática, aliada à discussão constante e à crítica desses escritos (quer dizer, aliada ao estudo e à busca de conhecimentos), não irão se fecundando e fecundando a própria prática?

Tenho a impressão que poderemos assim encontrar pequenas jóias, talvez menos brilhantes que os nossos textos e as nossas conferências, mas possivelmente mais preciosas do que aquelas que, quem sabe por engano, julgamos possuir.

BIBLIOGRAFIA

BENJAMIM, W. **Obras Escolhidas II: Infância em Berlim**. São Paulo: Brasiliense, 1987.

JACOBY, R. **Os Últimos Intelectuais**. São Paulo: Trajetória Cultural/EDUSP, 1987, p. 28.

KRAMER, S. **Por entre as pedras, arma e sonho na escola**. São Paulo: Ática, 1993.

LISPECTOR, C. **A Hora da Estrela**. Rio de Janeiro: Nova Fronteira, 1984.

PASOLINI, P.P. **Diálogo com Pier Paolo Pasolini - Escritos (1957-1984)**, "Questões Lingüísticas". São Paulo: Nova Stella Editorial Ltda/EDUSP, 1986.

Sonia Kramer
Graduada em Pedagogia pela Faculdade de Educação Jacobina, RJ
Mestrado em Educação pela PUC/RJ
Doutorado em Educação pela PUC/RJ
Professora na PUC/RJ e UERJ/RJ
Além de inúmeros artigos publicou os seguintes livros:
*Política da Educação pré-escolar no Brasil. A arte do disfarce. Pela Cortez, SP
*Educação ou tutela: a criança de 0 a 6 anos. Pela Loyola, SP
*Alfabetização: dilemas da prática. Pela Ed. Dois Pontos, RJ
*Com a pré-escola nas mãos: uma alternativa curricular para a educação infantil. Pela Ática, SP
*Por entre as pedras: Arma e Sonho na escola. Pela Ática, SP
*Alfabetização, Leitura e escrita: formação do professor em curso. Pela Editora da Escola do Professor, RJ

DEVEM OS ALUNOS ESCREVER?

Olinda Evangelista[1]

I. À pergunta acima respondo: sim, os alunos devem escrever. Bom, mas em razão de que deveriam escrever? Buscarei responder à segunda questão levantando, na seqüência, alguns pontos para discussão, expressivos de minhas preocupações como professora no Curso de Pedagogia, na Universidade Federal de Santa Catarina, porém matizados pela momentânea condição de aluna do Curso de Doutorado em História e Filosofia da Educação, na PUC/SP. De outro lado, quero esclarecer o leitor que escrevo do ponto de vista de quem, não possuindo formação relacionada à temática da língua, reconhece a necessidade absoluta da escrita nos procedimentos de aquisição do conhecimento, no âmbito das responsabilidades colocadas pela prática pedagógica, assim como a da importante presença orientadora do professor nesse processo. Vejo a redação como fundamental para professores e alunos e a faço presente sob forma vária e em variados momentos do meu trabalho de contribuição para o progressivo amadurecimento intelectual do estudante que, por um semestre ou dois, está em minha sala de aula.

II. Em geral, a escrita é incluída, na escola, no momento eventual da avaliação. Nesse caso, a produção de textos funciona como "prova" palpável daquilo que o aluno, em tese, aprendeu, fornecendo, também em tese, os elementos objetivos para que o professor possa ter acesso ao modo como o estudante formulou seu próprio pensamento e nele incorporou - ou não - o conhecimento relativo à disciplina em estudo. Não raramente, os traba-

---

[1] Professora do Departamento de Estudos Especializados em Educação no Centro de Educação da Universidade Federal de Santa Catarina

lhos escritos pelos alunos se configuram como formas destituídas de vida, seja pelo ritual avaliatório mecanicamente cumprido por eles, seja pelo descaso com que são tratados por quem os solicita. Por seu turno, esse ritual vem embebido de elementos coercitivos, muitas vezes excessivos, gerando resistências à sua assunção e reduzindo-o a mero "mecanismo avaliativo", quando não de cópia.

Penso ser preciso ultrapassar essa fronteira porque há, na proposição de textos escritos, uma outra dimensão que, do meu ponto de vista, é de riqueza extrema, contribuindo para que a escrita, ao se constituir como estratégia central na prática pedagógica, expresse o entralaçamento de, pelo menos, duas leituras do mundo: a do aluno e a do professor; portanto, de diferentes níveis de compreensão da cultura e não apenas de saberes recortados de modo estreito.

III. Abandonando o conforto das acusações feitas aos alunos por sua "incapacidade", assumo como próprio do "ser" professor a criação das condições propícias à produção escrita dos alunos. Acredito que tais condições advêm da compreensão que o texto é necessário justamente porque expressa, na temática eleita, um modo de pensar os autores e o mundo, evidenciando, simultaneamente, como esse universo atravessa o sujeito, constituindo-o de modo histórico, social. Ao ler o que escrevem os alunos, o professor os lê, lendo neles a leitura que fazem da cultura, do modo pelo qual, subjetivamente, aproximam-se da realidade, percebem-na e a interpretam. Tal autoria tem seu anonimato interrompido pelo professor - primeiro leitor, primeiro interlocutor - que ocupa, por isso mesmo, posição proeminente, e não só do ponto de vista do domínio do pensamento alheio. Sem sonegar essa hipótese, o professor, ao tomar a escrita como momento de cultura e de subjetivação, de expressão - organizada ou estapafúrdia - do conhecimento, de articulação do pensamento, de ordenação de argumentos, de produção de evidências, de sistematização de idéias, entra numa seara em que lhe cabe abrir picadas, desvendar caminhos, indicar direções, descerrar as cortinas dos múltiplos sentidos constitutivos da realidade. Ao considerá-la como "exercício" intelectual, como "ensaio", como lugar de (re)posição de problemas, como espaço para refinamento da inteligência, o professor assume o privilégio de, juntamente com o estudante, acompanhar seu amadurecimento teórico, verificar suas aquisições culturais, as atuais e as por adquirir. Lendo a produção do aluno, torna-se-lhe possível colaborar para a construção cada vez mais precisa do seu pensamento, de suas interrogações e de suas respostas. Isto é, torna-se-lhe possível criar o solo sobre o qual a cultura, sob a forma de conhecimento, deixará de ser externa ao aluno para constituí-lo vitalmente. Solo sobre o qual também realizará suas próprias produções culturais, determinadas pelas condições objetivas de seu acesso ao patrimônio cultural da humanidade.

O professor-leitor-do-aluno o ajuda a perguntar e a responder; perguntas e respostas reveladoras das perguntas e respostas que o professor se colocou e coloca. Expondo o aluno, o texto escrito expõe o professor. Lendo-se a produção discente, lê-se a docente. Nas duas lê-se leituras da história.

IV. O texto escrito pelo aluno resulta, pois, de uma intervenção intelectual do professor, planejada, deliberada, organizada - mas não prevista em seus contornos precisos -, de cujo sentido será expressão a redação. O que o aluno redige deve ser resultado de um trabalho intencional, de ambos, em que o primeiro se dá a conhecer, abrindo-se para um detalhado esquadrinhamento dos meandros de seu pensamento pelo segundo, que deve buscar exorcizá-lo de toda tentação improvisadora.

O "improviso", nesse terreno, manifesta o pensamento derivado das idéias hegemônicas, tornadas senso comum, espécie de emaranhado no qual também estão presentes partes de raciocínio crítico. Equivocadamente confundido com "criatividade", o improviso mostra onde radica historicamente o pensamento nele impresso; ele diz em que tempo e lugar habitam professor e aluno; demarca as suas consciências, dando indícios de suas determinações sócio-históricas. O "improviso" dificulta a apreensão inteligível do mundo e a deshistoriciza.

Improvisar, pois, na escrita, é correr o risco da permanência no presente, do encarceramento do pensamento, do acorrentamento das idéias... A ruptura com essa prática dá ao pensamento a chance do "passeio" pela temporalidade histórica humana, desnaturalizando-a. A escrita organizada e intencionalizada viabiliza este "olhar" temporalizado, possibilitando a lida com o conhecido e o cognoscível, com as várias dimensões do saber e com as sucessivas aproximações que dele se pode ter. Permite também perceber as largas distâncias ainda existentes, demonstrando o quão "perto-longe" está o escritor do saber, do mundo, da história e dos homens que os produzem, percepção dada pelo próprio texto e por seus leitores ou seu principal leitor, o professor.

V. A temática da cultura, do humano, provocada pelo professor e posta para o aluno, explode, na escrita, o limite do ritual avaliativo. Debochando do estigma de "texto desimportante", "indigno de leitura", a redação instigada pelo professor expõe as faces e contrafaces da reprodução e da criação, do fragmento e da totalidade, do saber e da ignorância: da vida. Daí porque, reafirmo, a presença orientadora do professor é privilegiada e fundamental. Sendo uma espécie de portador de um texto em abstrato, o professor, para viabilizar sua concretização pelo aluno, precisa não desqualificar o seu produtor. Há uma demanda preliminar de respeito aos limites e possibilidades do aluno-redator, que dispensa a veneração acrítica, por princípio, dele e de sua produção, e, coerentemente, dispensa a desconsideração de sua existência pela imposição da ausência de sua palavra escrita.

Ao equilibrar sua posição nessa balança de vários pratos, o professor combate as ignorâncias que compõem as consciências, sua e dos alunos. Ignorâncias que, por serem ignoradas, dão lugar a procedimentos heróicos, decorrentes da onipotência característica do desconhecimento dos limites inscritos na própria consciência. A leitura que faz do que escreve o aluno exige do professor cuidado, pois que deste poderá resultar - ou não - o florescimento da compreensão crítica do real, das aquisições do conhecimento, das independências intelectuais, da constituição da subjetividade do estudante.

LEITURA CRÍTICA • ESCRITA CRIATIVA

VI. Por abandonar a visão do escrito como "prova", entendo-o como EDUCADOR. O texto escrito toma, de seu autor, distância e, de outro lugar, com o autor fala. À medida que é escrito, diz e indica os limites que contém. Tendo vida própria, dá ao autor a dimensão das ausências. O autor, por seu turno, dá-se conta das faltas e do "por fazer", precisamente alertado pelas recorrentes leituras que realiza do "já feito".

Nesse sentido, concebo o texto escrito como um EDUCADOR que, realizado pelo autor, é também ele mesmo; sendo produzido pelo escritor, produz o escritor e o escrito. De novo digo que as fronteiras da avaliação são estilhaçadas. O texto revela-se como fruto de uma particular pedagogia, oriunda de uma íntima, profunda e fecunda conversação entre produtor e produto, em que o segundo provoca o primeiro a rever, repor, repensar, refazer...

O escrito, ao ser objetivado, objetiva o pensado e seu pensador, a história e sua consciência possível dos possíveis históricos. O escrito emite sinais que, captados, insta o escritor a pensar a si, ao mundo, à cultura, ao seu texto e, ainda, a respondê-los sob a forma de novas palavras, novo texto....

VII. Nesse grave terreno da prática pedagógica está plantado o professor. Propondo a redação, propõe, na verdade, diversos educadores - representados pelos inúmeros recursos mobilizados para a escrita e reescrita do texto -, mas dois em especial. Primeiramente, ele próprio com suas sucessivas leituras e proposições de autores, perspectivas e rumos que a redação deve tomar e conter face a objetivos bastante bem delineados e acordados com os alunos. Em segundo lugar, o próprio texto que, assumindo o lugar do educador, sinaliza para o estudante sua posição com relação àquele objetivo e o estimula a avançar no reino das idéias e das linguagens.

Em outras palavras, o texto escrito incita o redator a construir - no diálogo com seus múltiplos educadores - a capacidade de pensar autonomamente seu mundo e sua história.

VIII. Creio serem necessárias, para esse procedimento pedagógico, a rejeição da herança escolar que tornou a leitura e a escrita indesejáveis para professores e alunos, assim como a disponibilidade, do professor em particular, para a paciente busca da superação das dificuldades inauditas que obstaculizam a configuração de seus alunos como sujeitos capazes de pensamento e história.

Olinda Evangelista
Formada em Filosofia pela UFPR, Mestre em Filosofia da Educação pela PUC/SP e doutoranda em História e Filosofia da Educação na PUC/SP
Além de inúmeros artigos, publicou: **Em defesa da escola pública, gratuita e universal,** com Odilon Carlos Nunes, Editora da UFPR, Curitiba, Pr, 1990, e organizou o livro: **Memória da organização dos professores da UFPR,** publicado pela APUFPR, Curitiba, 1991.

REMINISCÊNCIAS DE ESCRITORES EM DESENVOLVIMENTO: O PROCESSO DE ESCRITA DO PONTO DE VISTA DOS ALUNOS

Augusto Jone Luiz
Geovana M. Lunardi
Jefferson S. Della Rocca
Julia L. Souza
Lilian Luz
Regina Piske[1]

"Em algum lugar deste imenso Brasil, num tempo muito distante, nasceu uma menina chamada Maria. Ela era uma pessoa simples como quase todas as Marias deste País.

Era uma criança inteligente, criativa e feliz, até o fatídico dia em que seus pais resolveram matriculá-la na escola. Achavam eles que era chegada a hora de Maria aprender a ler, escrever e fazer continhas.

Então, a menina ingressa na escola. Estava muito ansiosa e contente; porém, percebeu que algo de muito estranho acontecia naquele lugar que todos afirmavam ser uma escola.

Maria queria aprender a escrever seu nome, brincar com as letras, mas a professora a obrigava a fazer bolinhas e completar pontinhos: - "Que coisa chata!" - pensava a menina, que simplesmente queria escrever. Ela adorava contar e inventar histórias e, quando aprendesse a escrever, tinha como sonho maior

---

[1] Alunos do curso de Pedagogia do Centro de Educação da Universidade Federal de Santa Catarina

tornar-se uma escritora, dessas que escrevem poesias ou novelas, quem sabe!?

Finalmente chegou o grande dia! A professora decidiu que era o momento de aprender a escrever. "Que felicidade!" - pensava Maria - "Poderei escrever milhões de palavras!" - mas, pobre criança, logo percebeu que antes de escrever realmente, como tanto sonhava, tinha que ficar aprendendo as tais das familhinhas separadamente.

O tempo passou e Maria, que gostava tanto de contar histórias, agora podia fazê-lo, pois já dominava a difícil técnica de ler e escrever. Mas, outra coisa a incomodava: as histórias quase sempre tinham um título definido pela professora e um modelo a ser seguido. Maria não queria isso. Ela era criativa, dinâmica. E mais: gostava de inventar histórias. Aquelas com títulos e modelos não tinham a menor graça em serem feitas.

O tempo passou mais ainda, e a pequena Maria transformou-se em uma adolescente e, na escola, começou a entender um pouquinho essa engrenagem da qual fazia parte. Já não se assustava mais quando percebia que as professoras não estavam interessadas em ouvi-la. Maria, que gostava tanto de ler, agora lia muito pouco e escrevia somente quando era obrigada. Tinha muita dificuldade de se expressar pela escrita, nas poucas vezes em que era solicitada. Tornou-se apática, desinteressada e inexpressiva no tocante à escrita. Que pena! Logo Maria que gostava tanto de contar e inventar histórias.

Como sempre, o tempo foi passando e a pobre Maria conseguiu fazer parte do seleto grupo de pessoas que fazem curso superior. Pais orgulhosos e família feliz. Maria iria ser pedagoga. Que engraçado! Logo Maria que lia e escrevia tão pouco.

Na universidade, Maria começou a passar por certas dificuldades. Alguns professores continuavam do modo que ela conhecia, entretanto existiam outros dos quais ela não gostava muito. A todo o momento queriam saber sua opinião, pediam que ela se expressasse através da escrita. "Que coisa chata!" - pensava Maria - "Não suporto escrever!".

E o tempo que sempre voa chegou aos dias atuais; a menina Maria, há muito mulher, é professora do ensino primário em algum lugar deste país. Moldada pela escola que frequentou e pela sociedade da qual faz parte, tornou-se exatamente aquilo que esperavam dela.

Faz alguns dias, tivemos notícias dela. Contaram-nos que é professora de uma primeira série de uma escola no interior deste Estado. Parece que, em sua sala de aula, existe um menino chamado João que adora contar e inventar histórias e não gosta de fazer as bolinhas e juntar os pontinhos das atividades que a professora Maria tão dedicadamente repassa..."

A história de Maria é, para nós, espelho que reflete a lembrança do que fomos e vivemos em determinadas épocas de nossas vidas. Esperamos que não seja o retrato do que seremos. Orientados por essa ótica é que paramos, neste momento, para analisar os diversos fatores dessa história e suas implicações. Nosso objetivo é o de tentar analisar certas idéias pré-concebidas, procurando desmistificar e principalmente entender como se constrói o processo de escrita nos alunos e, concomitantemente, em nós mesmos.

Como Maria e João, muitas crianças neste Brasil são vítimas daquilo que poderíamos chamar de "assassinato pedagógico do sonho de escrever". Crianças que também fomos e que aos poucos vimos perder a doce ilusão de produzir maravilhosas histórias e importantes livros. Crianças que aprenderam que sua opinião pouco vale e que seus trabalhos escritos devem estar dentro de um padrão pré-estabelecido. Uns mais, outros menos, mas grosso modo todos são vítimas de um sistema educacional que "castra", molda e não permite às pessoas refletir, criar e agir conscientemente. Nega-se o direito ao conhecimento e a consciência da importância da manifestação através da escrita, instrumento fundamental para o registro da história da existência humana.

A análise dos principais problemas que envolvem o mundo da escrita passa, necessariamente, pela compreensão de como nós, os alunos, fomos construídos historicamente. A nossa vida acadêmica tem constantemente demonstrado, em maior ou menor grau, alguma aversão às atividades que envolvem a escrita, descaracterizando-a do principal meio de transmitir concepções ou juízo de valor. Nossas atividades rotineiras de sala de aula testemunham essa realidade: todas as vezes que somos solicitados a emitir opinião própria, através da escrita, sobre determinado assunto, poucos de nós somos capazes de responder rapidamente a essa tarefa. Porém, nas mesmas circunstâncias, quando se apela para uma resposta oral a situação se inverte. Todos temos algo a dizer, opiniões a emitir, enfim, sempre alguma idéia a discutir, mesmo que seja um tanto difusa. Por que isso acontece? Por que, persistindo o mesmo assunto em discussão, as contribuições diferem e algumas vezes escasseiam, dependendo do modo de sua apresentação? Essas e outras indagações nos permitem analisar, com espírito mais crítico, as causas que direta ou indiretamente contribuem para esse estado de coisas.

Durante muito tempo de nossas vidas, a escrita sempre ocupou um lugar muito peculiar. Sabíamos que ela existia, mas não nos parecia importante ou essencial. Era como se a escrita fosse protagonista de um filme, só que a platéia não a via como tal. Nesse sentido, começamos a perceber que nós, salvo algumas exceções, durante todos esses anos que estivemos nos bancos escolares, não fomos desafiados a escrever. Do mesmo modo, estimulados não fomos para a leitura. A escrita muitas vezes era entendida como mera atividade motora e treino de habilidades. Excluía-se dessa prática todo o processo de reflexão que, hoje, parece-nos ser inerente a ela.

Por isso, nos trabalhos escritos, enquanto acadêmicos, a nossa função se restringe a "xerocar" o tema pedido pelo professor. Assim como uma máquina de fotocópia que não possui inteligência, o conhecimento copiado se apaga, pois não há uma confrontação das nossas idéias com as do autor, idéias estas consideradas por nós como verdades inquestionáveis. Ao ingressarmos na universidade passamos a desempenhar vários papéis: xerocar, recortar e copiar frases de vários autores ou, em alguns casos, embora raros, somos chamados a pensar e opinar. As dificuldades, a certeza de nossa incapacidade e o medo da exposição vêm à tona. A produção e análise dos textos se torna angustiante porque temos de opinar e nos faltam argumentos; temos de sistematizar um conhecimento do qual não conseguimos nos apropriar.

LEITURA CRÍTICA • ESCRITA CRIATIVA

Diante disso, o ato de ler e o processo de escrever constituem tarefa extremamente complexa, quando desejamos realizá-la com perfeição. Perante a nossa dificuldade em concretizar esse ideal, incessantemente procuramos os mais e menos culpados de nossas deficiências no domínio da leitura e da escrita. Não existe um culpado ou pelo menos um único culpado. Pois, entendendo os estudantes como indivíduos historicamente construídos, percebemos que nossas dificuldades na escrita resultam de atitudes e hábitos cristalizados em nós. Isso não nos isenta da responsabilidade, porém não nos obriga a carregar um peso maior do que nossos ombros. Dessa forma, dizer que o aluno escreve e lê pouco porque é preguiçoso e desinteressado é, no mínimo, uma forma simplista, fragmentada e superficial de encarar o problema.

Para o leitor menos atento, pode parecer que, na história de Maria, os grandes culpados pelo seu "aborto literário" foram seus professores. Todavia, não podemos esquecer que os professores também são indivíduos cujas consciências foram moldadas dentro das mesmas condições materiais de seus alunos. Na verdade, trata-se de um círculo vicioso que, às vezes, somente por um conjunto de vários fatores consegue ser rompido.

Esclarecemos, portanto, que o processo da escrita é tão penoso para a maioria dos alunos não por culpa própria, mas por condições que foram impostas, fazendo-os ser do jeito que são hoje.

Por outro lado, é sobremaneira sabido que o sistema educacional vigente hoje, no Brasil, pouco se preocupa com a preparação do aluno crítico e autônomo. No primeiro e segundo graus de escolarização, são raros os momentos em que os alunos, de forma independente e criadora, explicitam suas idéias pela escrita. Não se ensaia, mesmo que de forma embrionária, a produção de textos de sua autoria. A produção literária tem sido algo exclusivo dos chamados "intelectuais". Nesse contexto, é óbvio que não será no curso de graduação que se suprirá, magicamente e em pouco tempo, toda a defazagem existente. A solução do problema passa por uma nova forma de conhecer, planejar e executar o processo docente-educativo.

Um outro aspecto, não menos importante, a se considerar

nesta análise é a deficiente formação no domínio da língua portuguesa. A estruturação do pensamento por escrito exige rigor na elaboração intelecutal, vocabulário e domínio de regras gramaticais. Diante desse fato, o aluno encontra-se perante duas exigências fundamentais: apresentar o conteúdo escrito e, acima de tudo, apresentá-lo de forma clara, concisa e precisa.

A universidade, lamentavelmente, pouco tem contribuído para reduzir tais deficiências ou lacunas que atingem os alunos. Cientes estamos que não é possível, em pouco tempo, superar todas as deficiências existentes no primeiro e segundo graus. Contudo, alguma coisa já pode e deve ser feita nesse sentido. Contrariamente, o que acontece nas primeiras fases dos cursos de graduação é a extensão do segundo grau. Nos trabalhos, quer em grupo ou individualmente, pouca atenção se dá às questões de correção e clareza. Pouca importância é dada à construção das frases, pontuação, acentuação, etc. Paradoxalmente, nas fases mais adiantadas, o aluno é chamado a ensaiar "pesquisa", elaborar súmulas, resenhas, etc. Aqui, pela primeira vez, de forma pouco metódica e científica, "bota no papel" sua reflexão sobre determinado assunto. Percebe-se, então, que a escola que temos é incapaz, até mesmo, de realizar aquilo a que se propõe. E nem para ensinar aos alunos regras gramaticais ela é eficiente.

Entendemos, com isso, que o processo de leitura e escrita desenvolvido na escola deve ser revisto. Os alunos, desde o ensino primário, devem ser estimulados para a leitura e a escrita; assim sendo, o ato de ler e o de escrever não podem ser jamais considerados apenas como atividades escolares. É necessário despertar, desde o início, o senso crítico. Isso passa pelo exercício de produção de textos simples, exposição por escrito de idéias, opiniões e argumentos. Agindo assim, o professor estará contribuindo para a formação e consolidação de uma ação reflexiva, elemento de extrema importância para a estruturação do pensamento lógico e condição necessária para que o ato de escrever seja permanentemente aperfeiçoado como um processo de toda uma vida. Mas, sabendo que o momento da aprendizagem é um processsso dialético, não existem receitas para que esse venha a ocorrrer da maneira que queremos.

Como personagens vivos dessa história, o que fizemos foi identificar causas e mudanças necessárias para que aquilo que hoje é exceção passe a ser regra. Porém sabemos da dificuldade para se implantar mudanças, posto que a escola é um lugar onde existem conflitos de classes.

Ela é um retrato claro de nossa realidade social e nos demostra o quanto essa sociedade nos remete ao individualismo, fazendo-nos colocar o sucesso escolar (profissional, social etc.) como responsabilidade exclusiva do "indivíduo". Dele dependerá seu sucesso ou seu fracasso. Nessa perspectiva, Maria seria vista como mais uma criança com baixo rendimento porque tinha poucas potencialidades.

Dentro da engenhosidade desse sistema que busca se manter de todas as formas, a escola aparece como uma organização que contribui para a elaboração de projetos que ajudam a perpetuar a elite numa situação de hegemonia. Nesse sentido, embora os professores passem por experiências que possibilitam uma visão crítica da escola, acabam, por força dessa estrutura, reproduzindo a ideologia daqueles que detêm o poder. Pois, que interesse teria a sociedade em formar pessoas críticas, se o útil para ela são empregados passivos, filhos obedientes e cristãos fiéis? Isso explicita o porquê de a maioria dos acadêmicos (ou estudantes), após passarem pela "escola", engrossarem fileiras dos soldados defensores do "status quo".

Desnuda-se, com isso, a real importância da escrita e da leitura e o objetivo da sociedade em camuflá-la. É o ato de ler e o processo de escrever, entre outros meios, que nos transportam para a reflexão, que nos instigam a pensar sobre nossas vidas, que nos estimulam a querer compreender o mundo e a inconformar-se com ele. Talvez esse seja o principal motivo pelo qual a realidade que se apresenta para nós seja tão trágica. Não há interesse do capital em instigar as pessoas a pensar sobre sua real condição. Portanto, elas escrevem mal, lêem pouco, falam errado e perpetuam a estrutura social em que estão inseridas.

Depois de todas essas constatações, a história de Maria e de João apresenta-se como um círculo impossível de se romper. Porém, como já dissemos anteriormente, só um conjunto de fatores é capaz de quebrar esse elo. Quais são eles? Com certeza, uma mudança estrutural da sociedade, mas não somos tão ingênuos a ponto de esperar por isso. Achamos que conhecer as armas de que o inimigo dispõe e algumas de suas estratégias de ataque já é um grande avanço. Com essas "cartas na manga", esperamos ser professores diferentes de Maria, mesmo que, às vezes, o cansaço e as dificuldades falem mais alto que nossas forças e o nosso trabalho pareça não fazer diferença. Pretendemos assumir uma postura comprometida com nossos ideais, pois queremos ter um final diferente nesta história real.

--- — — — — — — — — dobre aqui · — — — — — — — — — — —

ISR 40-2146/83
UP AC CENTRAL
DR/São Paulo

CARTA RESPOSTA
NÃO É NECESSÁRIO SELAR

O selo será pago por

summus editorial

05999-999 São Paulo-SP

— — — — — — — — — dobre aqui — — — — — — — — — — —

summus editorial

CADASTRO PARA MALA DIRETA

Recorte ou reproduza esta ficha de cadastro, envie completamente preenchida por correio ou fax,
e receba informações atualizadas sobre nossos livros.

Nome:_____ Empresa:_____

Endereço: ☐ Res. ☐ Coml. _____ Bairro:_____

CEP: _____-_____ Cidade: _____ Estado: _____ Tel.: ( ) _____

Fax: ( ) _____ E-mail: _____ Data de nascimento: _____

Profissão:_____ Professor? ☐ Sim ☐ Não Disciplina: _____

1. Você compra livros:

☐ Livrarias ☐ Feiras
☐ Telefone ☐ Correios
☐ Internet ☐ Outros. Especificar:_____

2. Onde você comprou este livro?

_____

3. Você busca informações para adquirir livros:

☐ Jornais ☐ Amigos
☐ Revistas ☐ Internet
☐ Professores ☐ Outros. Especificar:_____

4. Áreas de interesse:

☐ Educação ☐ Administração, RH
☐ Psicologia ☐ Comunicação
☐ Corpo, Movimento, Saúde ☐ Literatura, Poesia, Ensaios
☐ Comportamento ☐ Viagens, *Hobby*, Lazer
☐ PNL (Programação Neurolingüística)

5. Nestas áreas, alguma sugestão para novos títulos?

_____

6. Gostaria de receber o catálogo da editora? ☐ Sim ☐ Não

7. Gostaria de receber o Informativo Summus? ☐ Sim ☐ Não

Indique um amigo que gostaria de receber a nossa mala direta

Nome:_____ Empresa:_____

Endereço: ☐ Res. ☐ Coml. _____ Bairro:_____

CEP: _____-_____ Cidade: _____ Estado: _____ Tel.: ( ) _____

Fax: ( ) _____ E-mail: _____ Data de nascimento: _____

Profissão:_____ Professor? ☐ Sim ☐ Não Disciplina: _____

cole aqui

summus editorial

Rua Itapicuru, 613 – 7º andar   05006-000   São Paulo - SP   Brasil   Tel.: (11) 3872 3322   Fax: (11) 3872 7476
Internet: http://www.summus.com.br   e-mail: summus@summus.com.br